U0642716

勿使前辈之遗珍失于我手
勿使国术之精神止于我身

张策 传 杨班侯 太极拳108式

张 喆 著　韩宝顺 整理

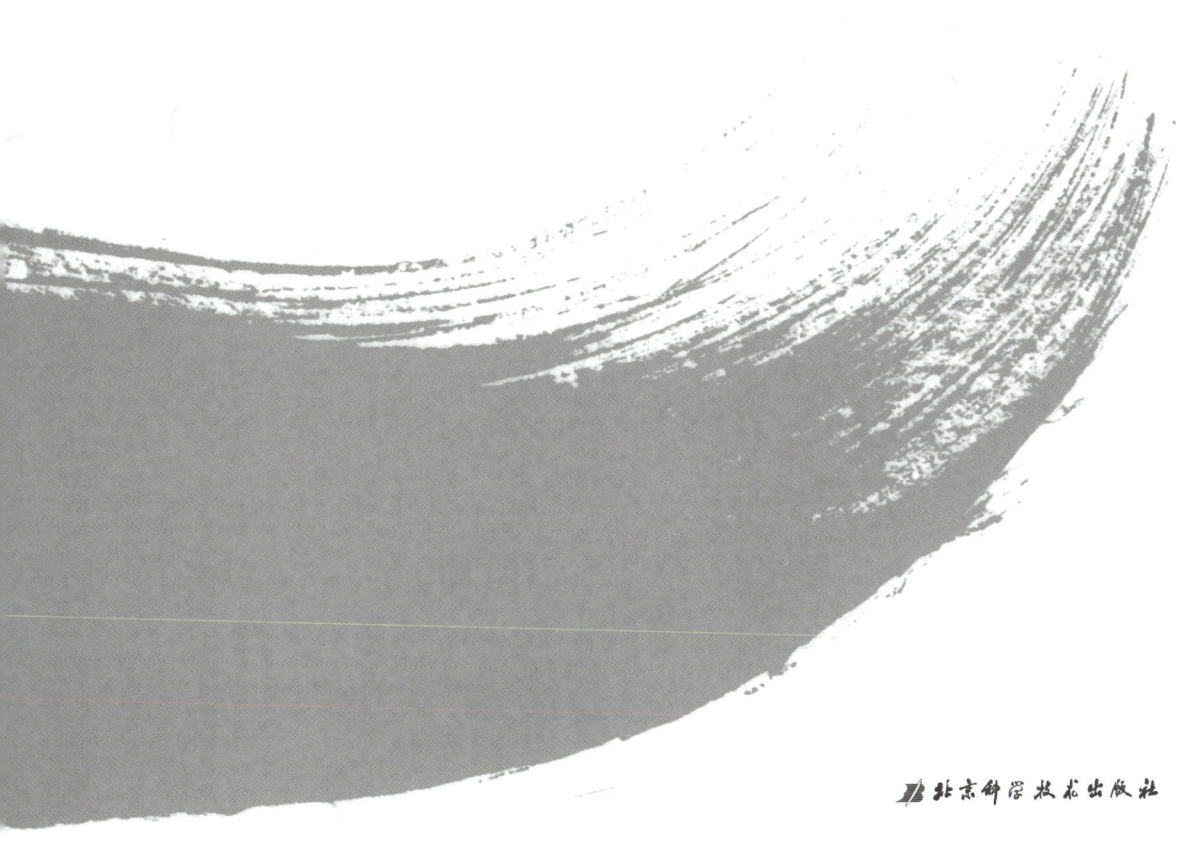

北京科学技术出版社

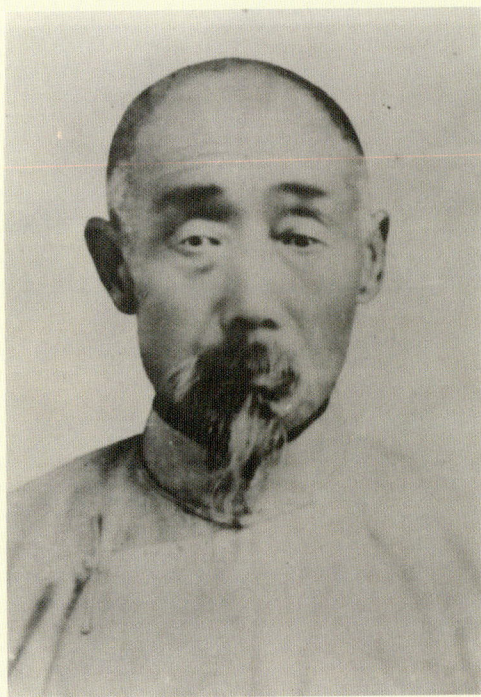

■ 张策（1866—1934 年），字秀林，通臂拳名家。中年起在河北香河一带收徒授艺。晚年任北京国术馆教练。民国二十三年（1934 年）10 月 8 日，病逝于北京锦什坊寓所。

张喆（1893—1959年），字既明。河北省香河人。1934年，应邀来天津，在南市武圣庙设通臂国术社，收徒授艺。

张喆（中）与友人合影

■ 邓鸿藻（1918—1987年），天津市人。五行通臂拳第四代传人，近代著名武术家。一生致力于传播中华武术，在海内外培养了众多传人，可谓桃李满天下，为五行通臂拳事业的发展做出了重要贡献。

■ 邓鸿藻（右四）参加全国武术比赛留影

■ 邓鸿藻先生（中）与部分弟子

邓鸿藻（右）与沙国政（云南）
表演对练

邓鸿藻（前排左二）等人与海登
法师合影

百家功夫

■ 邓鸿藻（右）与天津摔跤名家张鸿玉

■ 邓鸿藻先生与弟子杨建生（右）、韩宝顺（左）合影

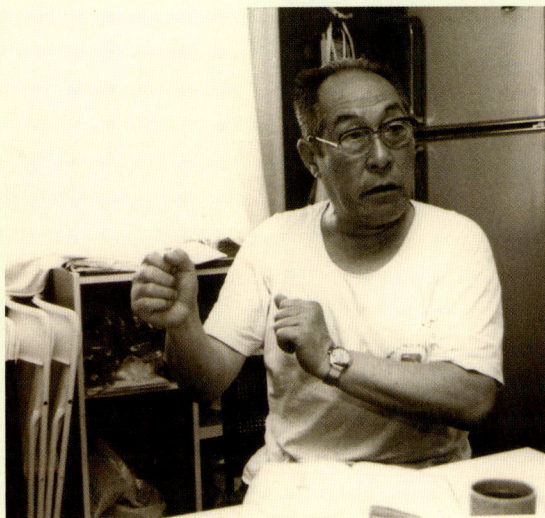

■ 邓鸿藻先生讲课时留影

■ 邓鸿藻（左）与天津武术教练刘宝玉访问日本时合影

邓鸿藻先生访问日本留影

百家功夫

我的家乡河北省香河县马神庙村，历来有练拳习武的风尚。我家亦有几代人习武。受此熏陶，我自幼酷爱武术，并很早就接受了系统的传统武术训练。尤其在五行通臂拳方面，数十年间钻研操练，未曾间断；同时，随先兄张策（秀林）公（太极拳名家杨班侯先师的亲传弟子）研修太极拳，两样功夫兼习苦练，几十年来，受益良多。

1934 年，我受邀请到天津教授五行通臂拳，开办了"天津第一五行通臂拳社"，教授五行通臂拳和 108 式太极拳。在日常的教学活动中，我除了在拳社授课外，也受邀到各大专院校，传授太极拳技艺。

就 108 式太极拳而言，我认为，于身体锻炼方面，由于其在运动之中，每个动作转换相接，连绵不断，配合呼吸进行舒展柔缓的运动，使全身内外筋骨五脏得到全面的锻炼，气血运行顺畅，精神充沛，从而达到强健身体的效果；而于技击方面，由于太极拳特殊的技术技法，在把握其原理和技术技巧之后，即可达到刚柔并济，揉化刚发，四两拨千斤的功力；而运用太极拳术的理念于我们的生活、学习、工作当中，亦大有裨益。我在几十年的武术教学实践中，以自己的切身体会和经验教授学员，取得了良好的效果。

目前，全国在普及推广太极拳运动，为了弘扬中华武术文化，我本着平生所学及锻炼中的体会，编写了108式太极拳行功要诀与呼吸方法，供同好者共同研究。限于写作能力不足，在本书文字与论解方面，恐有错误之处，尚希爱好武术同志指正。

张喆

1958 年 5 月 20 日

编者说明

《张策传杨班侯太极拳 108 式》，是张喆先生于 1958 年撰写完成的一部关于太极拳行功方法的书稿，原名为《太极拳一百零八式行功练习要诀和呼吸方法》。据张喆亲传弟子邓鸿藻先生生前介绍，张喆先生原计划书稿的文字工作完成以后，配上图像即正式出版发行。但书稿完成以后，还未来得及配图，张喆先生即身染重病，一年后逝世，因此，出版工作即搁置下来。

"一百零八式太极拳"，是杨式太极拳创始人杨露禅先生之子杨班侯，亲授予弟子张策（秀林）；张策又亲授予张喆。1934 年，张喆先生到天津开设"天津第一五行通臂拳社"，在教授五行通臂拳的同时，亦教授太极拳技艺，并将本套太极拳毫无保留地传授给弟子邓鸿藻、张春裕等人。笔者于 20 世纪 70 年代中期，在多年习练五行通臂拳的基础上，开始练习本套太极拳技艺，直至 1987 年 9 月邓鸿藻先生辞世。十余年间，聆听教诲，受益匪浅。

本套太极拳术，徒手方面包括一套完整的套路和太极推手及对练等内容，是杨式太极拳在其早期所练习的方法和内容。因此，它除了具备现代套路所要求和应具备的特点外，更具有技击实用的价值，更强调轻灵、松活、圆润、饱满、柔顺、自然的状态；于养生方面，更具有气血顺畅、体态安舒、内固精神、外强筋骨，以达内外兼修、强身健体、延年益寿之功；于技击方面，取拳打两不知，化即是打，打即是化，挨至何处何处发，后人发先人至，四两拨千斤之效。练好本套太极拳，结合太极理论的研究和中国传统文化的修养，对人的生活、工作、学习、处事、做学问、干事业，都大有帮助。长期坚持不懈地努力，随着技艺的提高和知识的深化，你会逐渐体会到王国维在《人间词话》里阐述的古今成大事业、做大学问者必须经历的三种境界：第一种境界，"独上高楼，望尽天涯路"，苦苦思索人生的目标和方向；第二种境界，"衣带渐宽终不悔，为伊消得人憔悴"，为了目标的实现而不懈地争斗；第三种境界，"众里寻他千百度，蓦然回首，那人却在灯火阑珊处"，豁然贯通，归于自然。

多年来在党和国家的大力倡导、扶持、鼓励之下，太极拳越来越为广大人民群众所喜爱。尤其是传统意义上的太极拳技艺，因其体用兼备的特点，更是为追寻太极拳真谛的爱好者津津乐道。张喆先生以其毕生实践经验撰写的这册太极拳方面的著作，虽然过去了近六十年，依然不失为一部具有指导意义的太极拳专著，相信对有志于太极拳运动的人不无裨益。

本书在整理过程中，文字部分没有做大的变动，图片和演练由笔者和蒋锐、王学亮、李慧谟、侯全友完成。我们虽和老一代武术家相较，有诸多不足之处，但也为补足本书之需要做了一些工作，如对习练太极拳者有所帮助，则不胜荣幸。因本人水平所限，在整理本书的过程中，有不足之处，还望读者斧正。

韩宝顺

目录

第一章

108 式太极拳练拳十要则

太极拳运动与其他拳术运动一样，有其自身的规律和要求，把握好规律，按照要求进行规范的操练，假以时日，则可收到事半功倍的效果。否则，空耗了许多时间，收效甚微，实在可惜。那么要练好太极拳，把握好以下十个方面是非常重要的。

一、注意虚灵

虚灵即是在拳术运动中，把握好动作虚实的转换。在拳术运动中，练习者要根据两腿支撑力量的转换，分出轻重虚实，来维持自身的中正，并使整体动作运转灵活，不失重心。这样才能符合拳论中正安舒、支撑八面的要求。如果动作滞迟，身躯自立不稳，失去运动中的平衡，不但拳练起来不符合要求，在与人对手时，也易为人所牵动而败北。因此，在练拳时，总要以虚实二意为主。凡一动转，右腿实，则左腿为虚；左腿实，则右腿为虚。两腿虚实转换过程中，此由虚而化实，彼由实而化虚，互为协调，相互周转，连绵进退，相循推动，上达腰胯，连贯脊椎骨，支持全身，随虚实的转动而一致，从而达到动作轻灵有活力。

二、沉肩坠肘

沉肩坠肘是太极拳运动的重要要求。沉肩是将两肩自然放松，无僵拙之力；坠肘则是双臂在身前平举时，两肘尖部位要有一种自然下垂的意念和感觉。之所以要求沉肩坠肘，是因为如此可舒缓胸腹间肌肉，使呼吸自如，做到气沉丹田，全身动作自然，拳术运行协调一致。否则，难以达到锻炼的效果。

三、以腰为主

太极拳认为腰为人体之主宰，四肢百骸均须听其调遣。练拳时每一动作，起落进退的动转运行，都要以腰来领动。在以腰为主，以腿为根的基础上，使拳术动作协调一致，流畅自然，收放自如，蓄发合度。使拳术运动既有不僵不滞，不偏不倚，行云流水般的优美体态，又有松活柔顺，柔中带刚，刚中寓柔，刚柔相济，凛然不可侵犯的儒雅气质。

四、尾闾中正

尾闾中正是保持身体正直的重要条件。虽然尾闾在脊椎骨的最下端，但它在运动中起到方向舵的作用。如果尾闾不正，就会直接影响脊椎骨并牵连到头部，使身体扭曲，不能形成全身统一的协调动作。动作失准，重心不稳，内外相逆，如船之失舵，全无方向，则锻炼效果可想而知了。

五、虚领顶劲

虚领顶劲是太极拳的第一要义。虚领顶劲是要将精神振作起来，头要正直，以头顶百会穴处轻轻领起，全神贯注于练习中，使意动、气和、身随相一致。头部顶直，中正以后，可以借此来调整人体脊椎骨的位置中心，以主导全身的动作。虚领顶劲是要在不僵不硬、松舒自如的条件下，贯通全身上下，进行操练。舍此不能练好太极拳。

六、一动一静

由静到动，由动到静，是太极拳运动的基本规律。它是根据阴阳互为依存，动静相连相因，两相互为补充，互为协调的理念，来取其意义。一动一静不是绝对的动和静，而是相互依存，相互转化，周而复始的活动。太极拳即是这样不断伸缩起落，进退收放，连绵不断，滔滔不绝地运行，结合虚实转换，分出轻重缓急，心随意转，身动形随，在松展自如的灵动中，培养本源，强健筋骨，增强体质而至健康。

七、用意不用力

意指的是意念。太极拳练习要求用意不用力，是强调在练拳过程中，在意念的引领下进行自如舒缓的运动；要避免使用僵力拙力。久而久之练出一种劲，即所谓的太极劲。这种劲形成，则可做到全身内外一动则无有不动，一静则无有不静；式随意动，动至气和，内外如一，劲整力合；静如山岳，凌然不可侵犯；动若巨浪狂涛，摧枯拉朽，势不可挡。

八、注意丹田

注意丹田，是要求气沉丹田。即练拳时，在意念的主导作用下，拳术运动配合呼吸的深、细、匀、长，由意念领动，随呼吸导气下纳丹田，以增强内在的含蓄力。注意，不是要去想，而是顺其自然，有不期然而然的意思。越是想越是做不到，越是做不到越着急，久而久之不但拳术不能提高，也有损于身体健康。

九、呼吸方法

呼吸方法于练拳非常重要。太极拳强调呼吸要配合拳势运动，要把握深细匀长的方法。在意念引导下，使呼吸与外部动作协调一致。呼气时，随动作往外伸长顶实，要配合头、身、腰、膝、胯、肩、肘、指的一体舒放，缓缓呼出。动作舒缓，气血调和，以催发筋骨肌肉的内力。吸气时，要随动作往回含缩退还，慢慢吸入。这样由内及外，又由外及内，随式从容，节节贯穿地自如呼吸，以达内外充实的目的。但在没有完全掌握方法时，练拳还是以自然呼吸为好。

十、聚精会神

练拳要心无二用，意识专一。目不斜视，耳无旁听，神无乱，行无迷。以鼻吸气要闭口含息，呼气以口徐徐呼出。深细匀长是为要义。舌顶上腭，随呼吸一顶一放；吸时要顶，呼时要放。身体中正，不偏不倚，缓缓而动，不急不躁。规范操作，唯心恒志坚，功无间断，操之日久，自能达到意动气动身亦动，动作节节连贯，周身气血运行，循环不已，手眼身法步，精神气力功具备。招式处处合规矩，动作处处适法度。练拳神形具备，继续深造，可入化境矣。

以上十则，为练太极拳的基本原则。学者不可徒于形式，失其真义，空耗时日，以致无成。需细心领悟，于实践中逐渐体会，一旦豁然贯通，锻炼有成，则受益无穷。

第二章

太极拳架练习及推手动作要领

一、太极拳架的练习

学习太极拳，首先要知道练习太极拳的正确方法和各项要则，以便从一开始，对太极拳的运动意义、运行方法和规则，体用兼备的特点，有一个比较清晰和完整的认识，在实际操练中，达到守规矩，合法度，逐步地掌握太极拳的真谛，登堂入室，取得成功。

太极拳徒手训练主要有两大部分，即套路练习（也称盘架子）和双人的推手练习。套路练习是太极拳运动贯穿始终的重要内容，是把握太极拳运行规律，提高自身功力的必须修炼过程。《孙子兵法》云："知己知彼，百战不殆。"盘架子练的是"知己"的功夫。

在盘架子的过程中，习练者依照动作要领，结合学到的太极拳理念和动作，选择安静的条件和环境，在徐徐舒缓的运动中，细心体会一趟拳架中所包含的于肃然空灵之中，渐渐由静生动，动而复静，由阴至阳，又由阳至阴，相互依存，彼此转换，循环往复，生生不息，变化万端的妙趣，从而提高自身的功力。

太极拳的练习亦和其他方面的运动训练一样，有一个由初级到高级，由理论到实践，由浅入深的过程和发展阶段。但就太极拳而言，无论哪个环节抑或阶段，都必须很好地把握动作的静动虚实及相互转换的关系，使每个动作都做得圆润饱满，灵动活泼。所谓静的动作，就是虚；动的动作，就是实。在太极拳演练中，因虚而致静，动作是随意识主导领带全身，随姿势转换时一体缩还；同时吸气，做到全身内外一致的收敛含蓄，以意导气，以气运力，调和动作缓缓内收，形成身体外部的虚寓含蓄，以待往外抒发到动。实即是动，是在动的过程中，动作由意识主导，随着姿势的转换，身体内外一致地伸长顶实；同时呼气，在意气力的协调配合作用下，动作渐渐外展，形成身体外部的舒松壮实。一趟盘架子的过程中，静动虚实互相转换，彼此因循，带动全身活动。连绵周转不已的依势运行，使身体随实而松伸，随虚而含缩，于此松伸与含缩之间，体会意念主导，呼吸调节，体力运化的三大作用，促成身体内外协调一致的动作，从而增长精力，充壮筋骨，营养全身，以致健康。所以，在太极拳一系列的连贯运动中，能从操练里体验分化虚实的含义是非常重要的，可以说是锻炼中的基本原则。

太极拳运动中，虚以实为本，实以虚为根，两相循环，彼此相依，连绵不断。也就是由静至动，动而复静，两相运转，来领动全身灵活周转，体会太极拳中妙变无穷的趣味；也才能实现运动的意义，取得实际的锻炼功效。太极拳中，式式皆有虚实，而虚实亦为太极拳之根本。不知虚实，难以求静动；不明静动，难以测虚实。不知虚实，不知阴阳，也就失去练拳的意义。故练拳者，应以此为要领，练拳时须刻刻入意，细心体会，持之以恒，日久功成，则身健力足矣。

二、太极推手的基本要求

太极推手，是根据太极拳的运动方法，双人进行的对抗性练习。将单人锻炼中，由静动虚实所达成之运动基础，与拳术招式相配合，与对方相互推挽，运用各自的技术技巧，互相发动制约，各尽其能地相互运化、相互制衡，以达提高拳艺，增强功力之目的。推手中，双方利用练就的太极拳劲，以运化之妙，发挥机智，取胜对方。它是太极拳技术技巧的比拼，也是双方斗智斗法的过程，又是检验自身功夫的标尺。借此增强太极拳技击实战的技能，具有极佳的功效。太极推手是在"知己"基础上，练的是"知彼"的功夫。

太极推手是太极拳懂劲、用劲锻炼的重要方法，也是太极拳登堂入室，步入技击实际应用的重要阶段。如果说太极拳架和推手是一件事物的两个方面的话，若只会盘架子，即使练得再精，也只是完成了一半，甚至还弱一些。练习太极拳不但要会盘架子，而且要会推手，甚至强调必须会推手，否则很难说会练太极拳。

太极推手是甲乙双方在身体接触的基础上，彼此各自运用太极拳的技术技巧，按照沾黏连随的要求，利用掤、捋、挤、按、采、挒、肘、靠等方法，在得机得势的情况下，破坏对方的平衡，采用四两拨千斤的方式，将对方击发出去（甚至将人击倒击伤，但是若非敌对状态绝对不允许这样做）的练习方法。推手练习当中，也要按太极拳盘架子的要求实施练习，以意念统领全身动作，沉息含气，聚精会神，随彼动以动，随彼静而静。以我之劲听彼之劲，触而知之，感而化之。既要以静待动，又要争取主动，不欲以力制人，不勉强而用拙力笨力。内固精神，外示安逸，不丢不顶，不偏不倚，不争不抗，动静相宜，妙化无穷，变化万方，在你来我往的推挽之中，使彼方陷入进退维谷之中，无所措手足，漏洞百出，而被我所困。而对方欲攻击我时，我则以揉化之法，破坏掉对方的来力，使之劲力落空，无奈我何。这样的练习，对提高太极拳技术，强健体魄，都具有极大的帮助。在太极推手中，不允许用拙力僵力进行对抗，因为以力持人，力一发出，极难收回，身体失衡，被人引进落空，使自己完全处于被动，为对方乘机发劲制之，不打自失。而且用拙力，也练不出太极拳空灵圆润，一任自然的技术技法。因此，在太极推手中，必须运用进退伸缩、沾黏连随、连绵不断的技巧，如临深渊、如履薄冰之警觉，随势运用揉化之妙法，不顶不抗，随机缓撤，持稳控力，伏击潜待，乘对方之虚，急于应手之时，发劲制之，此为得势。得势是依法打出窍诀，而不使对方避劲脱手。双方推手运化之时，应发挥太极拳动静虚实，刚柔相济的运化之妙，表现出机智灵敏，健捷疾速的运动作用，增长尚武精神。据此进行锻炼，坚持不懈，多方交流，相互陶然，共同提高，日久则事无不济，力无不达，以至随心所欲，事半功倍矣。

推手运化之时，彼方以挤法欲将我推出，我方应立即用採捋法，急提对方腕肘，向斜侧方捋带化之。在採腕捋肘时，必须力疾手快腰灵活，腿稳固，使彼无法脱化。我以捋化之势，破坏彼之挤法；彼则用肘靠之法，击我前胸。我则继续採彼方腕肘，莫令其再伸展；再以另一只手反扣其肘，向上托掀折按，使其腰腿失中，向后跌出。我可再乘势急行上步，进身将对方打出。如对方与我用高架推手捋化，相互运行之时，手臂支撑过顶，因牵动过高，使腰腿失中，脚基不稳。当于此运转失控之时，能便于得机得势，我可用高带吊空之手法，以捋制之。所谓高带，是于彼此黏连运化之时，我急提对方急来之腕肘，向斜侧提调上捯，使其全身之力落空。彼如掣肘退身，欲行脱化，我可顺势急行上步，将其按出。达到彼若进，当稳力，固守待机，而解化以制之。彼若退，而空虚，当急于速进蓄准中以击之。对方如用高按之手法，推制我腕肘，揉化之平衡力，我必须稳固腰腿，胯力坐中，捧住其来势，全身含力且放松，随其来势，急向自身之两侧，或左或右，将其来势引进予以解化，令其落空，自然失重，为我所制矣。

推手应用于运化中，若对方用按力，推我肘贴于胸肩不得松，而欲乘势将我挤出，造成我向后倾脚失中，此时我当急于乘其上前欲挤之机，立即裹肘贴肋坐胯缩腰，将其按力化空，使彼不及退；再趁势採捯对方之腕肘，使其难以回退再变，并乘势将其将出。彼如急于缩身回夺其力，我可乘势上步按之，将其顺势打出。

总之，以上各法，是推手运化手法的一部分。而于实际对比中，则手法多端，万变无穷，非可以文字所能尽言。

在推手训练中，一方面须注意到，彼此相对间的身高体力，及运用推手黏力之轻重刚柔缓急，变手时的应御灵活性，下部的腰腿平衡支撑力，这些相互关联的完整统一性；另一方面，在于能识敌知敌，不可轻敌或欺敌。从始至终要全神贯注，精力集中，必须仔细观察对方，关注在一静一动之间，每个运化手段的手法，及其整体的精神方面和警觉性等细节。彼如精力充壮，手法精灵，静动相应，尚不冒进而以守待动，则我必须将精力贯足，稳固腰腿，沉息蓄力，轻柔轻化，以听其力，以防其变；万不可躁进欺敌，亦不可轻于发手制敌，需要培养全身的耐性，来延长互相推比的时间，由此可以渐渐消耗对方之体力。彼内力一旦消失，其中心的控制力变形或减低，我可乘机运用机巧而制之，则必能制胜。如对方身高力大，恃力欺人，动则刚有余而柔不足，且因善动而不能静，惯于急进，而不尚解化退守之法，其心必浮而其性必躁，此时我亦不可轻敌，或因气力大难以应对，发手畏怯，需主静而少动，稳固腰腿，以守待动，与其轻柔巧化，不顶不抗，沉息听力，诱其躁进，彼则力极难收，退而迟滞，趁此之时，刹那间，我顺势用採捯靠挤等各种适于应变制敌的手法，借彼之来力而牵制之，彼自落空倾倒矣。

综合以上推手解化之法，必须做到守则稳固以待发，攻则急速敏捷有力，使对方难脱难化；以静制动，以空虚化实重，乘势引进落空以制之。是故太极拳推手动作的要领，必须熟识其变化原则。它是从静动、虚实、调息、蓄力的四大原则，多化锻炼，渐渐培养如一而运化出。既可以培养辅助精力，借以助长人体之运动践行能力，锻炼警觉灵变及测识力；同时，相应地提高了思维反应能力。故凡练太极拳及推手，须久练有恒，功不间断，自能运用妙化无穷，变化无方，随机而化，乘势得用，空灵神妙，人不知我，我独知人，处处占得先机，达于四两拨千斤之功效。

第三章

练功要领与呼吸方法

　　本章主要讲的是108式太极拳盘架子当中的一系列问题。分为两个方面：其一，行功走架中总的要领；其二，每个动作姿势的练习方法及与呼吸的配合。

　　108式太极拳行功走架的要领，是要求在盘架子过程中，必须掌握的动作要点，依此练习，才会逐渐领悟太极拳的精髓，而掌握其运行规律，从而练好太极拳。

　　依式锻炼时，必须要神情专注，细心体会练式要诀与呼吸之间的调运方法，两相结合，舒展缓慢，自如灵动地运行各个姿势，无论是前进后退，伸缩往来，起落收放，由高至低，行左转右，都要做到式未动而意先行，以意领式，式转则气力自随，使整趟拳架练时意动形随，神情饱满，圆润流畅，空灵自然，达到强身健体的目的，给人以美的享受。故凡练太极拳，千万不可急于速成，求快而失真；或只偏于表现姿势的外部美感，而失去锻炼运行中扶益筋骨、调和气血的作用；或于演练中，心性急躁，精神散乱，行不随意，手不应心，启动作势的运行规律，不能相应一致，使脚腿腰筋骨项头臂肘手等方面的协调支撑作用失于平衡，不能转化出灵敏健捷的运行作用，既影响了体内气血的舒畅运行，也使精神散乱，动作运行转化不能连绵贯通，若此，难以达到锻炼运行的实际效果，空耗体力，徒费时光，茫无所获，岂不惜哉。

一、练功要领

1. 掌握顶精领起与含胸拔背的正确方法

顶精领起，就是常说的虚领顶劲。它要求以意识来领动头顶的百会穴，使头项保持正直，调正身体的中心，自头顶至尾闾，使人体脊柱保持自然的中心支撑力。以意念领动精神，以贯通一致的蓄力上顶。久之，自可以姿势转换时，配合向外伸蓄内劲，调动全身的整力，使拳术运行转化灵活，内劲不断。由于以意领住，借气行力，兼蓄待发，随动舒展，随静含缩，外示安逸，内力充盈，随屈就伸，转化灵活，体内气血运行调匀一致，则使拳术运动体现出支撑八面、动及五方、精神充盈、协调美观的效果。这样不仅于强身健体有益，在技击实战中亦会占得先机。如若在锻炼时，不能依循规律，没有做到顶精领起，就失去了太极拳最重要的作用。即使外部姿势再美观，也只徒有其表，于健康无太大补益，于实战当中更是有百害而无一利。所以，练太极拳在每一个姿势转换时，能以顶精领起，贯通一致，牵动起全身内劲，不但外部可以启动全身的中心支撑力，使四肢躯干得以运行灵活；内部则领动脊椎骨，可以增强上下一体的含蓄性内劲，形成内外一致的整劲；并使精神贯注，动作敏捷，全身轻灵；内则气血运行顺畅，外则动作舒展大方，灵活舒缓，内劲充盈，既有益于自身的健康，又给予人运动美的享受。

含胸拔背是练太极拳的又一重要动作要领。含胸拔背即是两肩自然状态，向下松沉。它的主要作用是放宽胸腹间肌肉，及肋骨的回缩与舒张量，用来调节呼吸，增强肺脏的换气量，配合姿势运行转换，吸气与呼气，达到随气调适动作的静动、虚实、含缩、伸蓄，疏导气血，充壮精力，增蓄内劲，含而待发。不能含胸，则无法调试呼吸，增蓄内劲，也就失去了练拳的重要作用。含胸与拔背是相关一致的，两者相互依附。含胸是拢起脊椎骨之内力，随势上提，支撑起腰身的潜蓄力，随式随吸气，领拔起脊椎骨的中心力，以牵动全身，使下部轻灵，便于腰腿随式灵活转换，达到含蓄内敛，化虚为静的运行规律。由含胸领起脊骨，吸缩潜蓄支撑内力的作用，使因锻炼生发的精力，敛以入骨，增骨填髓，滋生深蓄了筋骨间的内力。又因其运动的绵连运化，生生不息的特性，乃能使内力刚柔兼备，以至达于极柔软而至极刚健的境界。此方是太极拳运行内劲的重要基础。由此两种内劲的随动运化，能分出虚实、静动两级相对，互相依循运转，以配合顶精领起，伸蓄外展，顶实为动，两者互相连绵，周而复始，循环不已。身体随伸蓄而含缩，随呼随吸的由内增蓄而外展，因外展而复含缩，疏导气血，运动筋骨，充壮精力，达到锻炼之目的。

含胸拔背，是太极拳由动化静的动作要领；顶精领起，是太极拳由静生动的主要方法。两者相互因循，是练太极拳最主要的中心规律。在每一个动作的转化间，一定要运用这种方法，才能体现出虚实静动，绵绵增蓄的效果。故练太极拳，必须从实际操练中慢慢培养锻炼和掌握这种方法。初学者虽一时不能体会，若能坚持日久，细心揣摩，刻刻用意，以意统领全身，由上至下，又由下而至上；由内而外，又由外而内；时时不丢，处处不顶，节节贯通，自然演化，使两相并存而成一致，则自然运化妙到，自身康健，遇敌则妙化自然，取胜不难矣。

2. 注重腿部互换虚实的作用

太极拳在每个架势动作中，虽不能离开顶精领起、含胸拔背的动作要领，还需两腿做基础，支撑身体，前后左右，上下内外的运转平衡，使身体不失重心。在运动中，身体随式运转灵活，中正不倾，腰借腿力，腿随腰转，互相关联，相互牵动，维持全身的运动平衡和中心支撑力。如于练拳中有动作运转不灵、腰僵腿硬、头斜身歪的现象，是没有很好地调整姿势的中心支撑点之故；也就是腿和腿之间，用力不当，腰腿行力不一致，出现的上摇下摆，根基不稳，转换不灵，形滞气离，身动肩摇，手脚散乱的现象。这样的锻炼，实际是空耗体力，不但无益身体康健，久之反有损健康，更不能临敌致用。故练太极拳，必须掌握腰腿一致的运动方法，和两腿互换虚实，彼此支撑协调一致的动作要领，利用两腿运动平衡点的变化，支撑上体的活动重心；再配合两腿于虚实的支撑，互相倚重，互相转换的作用，才能使身体重心转换灵活，拳路敏捷适中。因此，凡欲练好太极拳者，须要两膝虚实转换，以支撑上身，连结腰胯脊骨运动，协调一致；要很好地把握两腿之间，彼重此轻，此动彼随，互相支撑，虚而实，实而虚，两极相对，相互转换，式式连贯，运行不已，身体不摇不倾，上下中心一致的运动要领，从而使身体无处不顺畅，身体内外皆顺，则无不健康之理。理解两腿的虚实转换，与顶精领起、含胸拔背相一致的动作要领，是非常重要的。在实际操练中，时刻注意，经久不懈地练习，在随静随动，随虚随实的运行转化中，细心体察其中的规律，就能探知其中的奥秘，待到阶及懂劲，则豁然贯通矣。

3. 把握坐胯松腰松肩坠肘的要领

坐胯松腰松肩坠肘，是太极拳运动又一个重要的要领。在盘架子中，两腿虚实转换，支撑起全身的重力。在运劲过程中，由腿及腰，连贯一致地领动脊骨，来增蓄内力，全身一体，一动无有不动，一静无有不静，上下调和，内外一致，随着每个姿势的灵动转换，来运行四肢，催发内力。往外催发内力的时候，必须要松腰坐胯，松肩坠肘，使运动的中心支撑力，由腿及腰，贯达脊骨，催发于四肢，周布充壮于全身。练拳时，凡向外舒展的动作，随着招式的运行转换，由静到动的伸长顶实过程中，往外抒发内力时，应随动作，胯力徐徐往下坐，以稳固两腿的支撑力，并连贯腰力，渐渐放松，随意牵连脊椎，身体下坐，使全身肌肉舒缓放松，进而致气血调和，促进筋骨间的内劲生发，使内力得以向外伸舒发放。同时，随动作的徐徐外展，配合松肩坠肘，使伸舒之力，由腿及腰达于脊椎，催发贯于两臂，蓄于肘，进而达于手指足趾端。之后含胸拔背吸气，全身含缩，使舒松外展之力，从容缓慢地由意念主导，随动随吸气，将劲力复收敛于内，使动势转换为静。如此，在松腰坐胯松肩坠肘的作用下，使拳术运动在动静虚实之间彼此相通，两相周转，循环不已，协调全身，上下一致地动作。如此随动随静，灵动运转，节节不脱，式式相合，由意导气，以气导力，结合动作要领，勤修苦练，把握太极拳的真谛不难矣。

二、108式太极拳各式要诀与呼吸方法

1. 起势

首先要立身中正，两腿并齐，气沉丹田，目视前方；周身精神振作，意识贯注。

左脚徐徐提起缓缓向左开步，至与肩等宽时，脚尖正直在左

侧落步（两脚不能成八字形开步）。将气调顺，心要稳定，头项顶直，尾闾略向内翻卷上提，调整好脊椎骨的支撑作用。松肩坠肘，两臂舒展与身躯相合，两手心内扣，双目平视。由此开始动作。此为由静生动。动时先以两手背领动向前，徐徐抬起到与肩平齐，然后再伸直十指。随势吸气。

松腰坐胯，双腿徐徐下蹲（以膝盖弯曲不超过脚尖为度，亦可微弯曲。须视自身腿部力量的强弱，来决定下蹲的程度），以意领动全身。呼吸随时配合，气息要匀缓深长。两臂保持姿势，向左转腰，至左侧而后，开始略向内回带，身体略向上微起。双掌在身前随转腰随向右平滑（此时略有下按之意），随后继续向右转腰，并向右侧外方向推掌（此式要求两腿微屈情况下，双掌在身前以略高于腰的高度，随腰由左向右地转动，在身前划一平圆）（图3－1～图3－8）。

图3－1

图3－2

图3－3

图3－4

图3－5

图3－6

图3－7

图3－8

呼吸方法

此式为由静而动的关键。两臂徐徐向上抬起时缓缓吸气；下蹲时缓缓呼气，至转腰向左均为呼气，至向内带双掌时转为吸气，直至内收划圆时均为吸气，再到向外推掌至第二式起时，则转为呼气。

2. 上步挤

由前式腰身下松后，左手手心向里，屈臂向左斜前侧方向滚挤；右手手指认住左掌腕脉处，肘微屈与腹部平，手心向外，随左臂的向外滚挤，向外侧按掌。同时，身腰先向右转，右腿坐胯踏实。左手再由下方手心向上与右手拢和。左脚尖向右扭，右腿拿力，左腿虚化向上，在身前提起，随左臂向前滚挤的同时，向左前方落步，成左弓步，与左臂和右掌形成的圆，向左腿迈出方向挤出（图3-9~图3-11）。

此式要特别注意，要求左手背向外与右手合力推挤抱圆，向左舒肩挤出时，要劲力一致。

图3-9   图3-10   图3-11

呼吸方法

上动要周身一体，随动随向左转腰。精神领起，气息调匀。左腿提起时开始吸气，随吸含胸拔背，换式提缩，动则复静，蓄而后发。左脚向前蹬迈，落地踏实，右腿化虚；左肘随式渐渐屈肘拢抱上提时，要与胸平齐。随式随动吸气，吸而后呼，呼则意识相应，顶精领起，以调动脊骨之支撑力，牵动身腰，随呼吸的运行，舒松身体内外，使内力逐渐伸蓄外展。

3. 揽雀尾（挂）

由前式，左腿屈膝踏实，提右腿至身前。左掌在上，右掌在下，在右膝外侧抱圆。以左脚跟为支撑轴。此时身要中正，左臂屈肘，手心向下，右手心向上，往右侧转腰旋身，整体向右盘旋挂右掌。身体向右转90°，到正面方向后，右脚落步。右掌带动左掌，两掌心相对，向右斜方向挂出，至右手臂在右侧方向微屈为准。挂时要以意领动，含胸拔背，随式调息吸气，徐徐盘转，手眼相应，来扭动腰脊。挂至顶点后，两掌随腰动，同时徐徐翻转，使右掌心向下，左掌心向上，两掌斜向相对，向左侧经身前向左侧后捋带；至左侧后，左臂微屈肘，掌心向下，右掌翻掌，手心向上，两掌成抱球状；右掌向上领带滚挤，左掌以中指距右腕约3厘米，认准右脉处，随右臂向前滚挤；随转腰向前滚挤，轻灵提缩，使气力内敛，柔中寓刚，绵绵连贯，同时向右前翻转手臂，右手转到正面手心向下。右腿随上身转式后，脚跟着地踏实，左腿化虚。随转腰，左掌不停，越过右掌背，掌指向右，以掌外沿裹过右掌背。两掌同时外翻转，使两掌在身前翻卷至掌心向上；两掌同时向胸前回带，意念放在两掌大拇指根处；双掌引带至胸前后，同时向下翻掌下按，后随动向前推（图3－12～图3－19）。

图 3 – 12

图 3 – 13

图 3 – 14

图 3 – 15

图 3 – 16

图 3 – 17

图 3－18

图 3－19

4. 打

由前式，右脚踏实顶右膝，腰要松。随转腰，须顶精领起，全神贯注，两臂舒展，徐徐向前推按，随式调息呼气，将气徐徐呼出。此时身体相应地随着坐右胯顶膝，双掌随身体略前移，依式前推出，并随呼气伸蓄绵力顶实。渐伸渐推渐呼气，要做到随上式的动作，连绵不断（呼气时，要舌尖放下，气自嘴中徐徐呼出；吸气时，要舌尖顶上腭，用鼻吸气。以下诸式呼吸皆如此，不再赘述），直至顶实（掌心劳宫穴有向外突出的动作）（图 3－20、图 3－21）。

图 3－20

图 3－21

5. 驼

由前式，双掌推向前方至顶点后，手指再徐徐向前继续送出，待双掌伸直，手指向前，手腕略上抬后，手指尖微有向内扣之意，手心向下，十指舒拢。坐左胯，身体略向后收，右腿化虚。双臂以肘向后，贴肋徐徐回缩；随式含胸拔背，缓缓吸气，绵力提缩，精神内敛，蓄意待发。达到动中寓静。至腰际时，双掌向胸前提起，并继续吸气。上式动作要连绵不断，劲力顺达。姿势运行转化，要节节贯穿，随动转静，随静再转动，要自然无垠（图3－22、图3－23）。

图3－22　　　　　　　　　　图3－23

6. 打

接上式，上动不停，双掌向下驼至腹部，向上引带，再向前齐胸高度徐徐推按，随推掌，徐徐向外呼气（其余动作同4式）。

7. 揉

由前式，十指松伸，两腕微向上抬，双肘盘屈，双掌手心均斜向下方，犹如双掌下有一圆球，两臂中间要圆，两掌心下的"球"要圆。沉肩坠肘，含胸拔背，以意领动身体，向右扭身转腰，右腿坐力，左腿化虚。双手随腰右旋。随动随调整呼吸而吸气，绵力提缩，精神内蓄。待双手缓缓盘旋至右斜外侧时，坐左胯左脚踏实，右腿随即转换化虚，以左腿支撑身体的大部分重量，并使脊椎骨中正不倾。双掌引带至右侧后，向左转腰，双掌继续向身前引带并有下按之意，并随下按向外呼气，随呼随向左推双掌至左侧前方时，左掌心向下不变，微屈肘在身左侧，有向前挤之意；右掌翻转使掌心向上，与左掌相对成抱球状。此时要圆转灵活，随运腰随转身运掌，使气势相接，虚实静动，转换自如，连绵妙变（图3－24～图3－27）。

图3－24

图3－25

图3－26

图3－27

8. 挂打

接上式，腰由双掌抱球时，向右转并开始吸气，向右挂掌，意念放于大拇指根处；左掌以掌外沿向前方切，右掌随转腰一致地向右挂；随右掌向右挂的同时，左掌逆时针旋转，至双掌劳宫穴对各自乳头时，身体对正前方，双掌以拇指根部微微用力向后引带。身体也随之向后移动，将重心缓缓移到后腿。随身体后移，缓缓吸气。随之，双掌同时向内翻转，由胸前边下按边向前推，至于腹部位置时，双掌继续向前，并渐渐升至齐胸高度缓缓推出（图3－28～图3－31）。

图 3 － 28

图 3 － 29

图 3 － 30

图 3 － 31

9. 尾

　　由前式，两双掌向前打出以后，两掌指再向前徐徐舒直；两臂沉肩舒伸，随式含胸拔背，顶精领起。同时，长腰吸气，再渐渐坐腰松肩坠肘，两手腕部引领双掌，两臂绵力提起，缓缓上提至与肩平，而后腰向左转；随转腰，双手徐徐向左掤带，并向外呼气。腰随式转，随转随掤渐渐掤至左侧。脚力踏实，右腿化虚。动作不停，双掌向胸前回带，同时吸气；随即腰身向右转，双掌在胸前向右平移，两臂绵力伸蓄，至右方两臂向右侧舒伸。重心由左腿移回右腿。同时，长腰再吸气绵力提起。又渐渐坐腰，松肩坠肘，随式顶精领起，劲由脊发，双手徐徐右掤再呼气，腰随式转，随转随掤，渐渐移动。将右腿坐实，左腿化虚。此式要随掤转随以绵力伸蓄至右方。依式左右运行转化，要有提缩舒伸之轻灵妙变，以充壮内力，配合呼吸，协调全身之整体运动（图3－32～图3－35）。

图 3－32

图 3－33

图 3 - 34

图 3 - 35

10. 单鞭

由前式，腰向左转。随左转腰，两掌渐渐拉开距离，右手上提成勾手，并向右伸展与肩平。右腿坐实，左腿提步并拢于右脚内侧，随式含胸拔背吸气，再提左腿向左斜侧方向，蹬迈脚跟踏实（此时身体已向左后转了180°）。同时，左臂屈肘，手心向里，随身腰向左转，再反掌手心向上方，以左掌大拇指根部，略回带后掌心翻转向前，徐徐向正前方打出。左掌打出的同时，屈左腿顶膝，成左弓步，松腰松肩，右腿在身后微屈。顶精领起，劲由脊发，随式呼气。左手向前缓缓伸蓄内力打出的同时，渐动渐呼气，以增蓄抒发丹田之内含力，使之达到连绵不断，意气相合的效果（图3-36、图3-37）。

图 3 – 36

图 3 – 37

11. 低手下势

由前式，腰身略向右转，随转腰随吸气。右勾手变掌，两掌徐徐向中间并拢。身向后坐，重心由左腿移至右腿，继而重心渐渐再移回左腿。左臂微屈，左手心向下，左小臂微屈，往正前方提拢与肩平，坐左胯，左臂向前挤出。与此同时，右腿在身后缓缓提起，齐胯高度向前拢右腿。右手随右腿抬起的同时也向前拢，与右腿向身体正前方落步的同时，停于右脚前方向。右腿自身后向正前方抬起并落步，右臂手心向下向正前方与左臂靠拢时，要随式长腰提气，含胸拔背，合力提悬。再徐徐蹲左腿，松腰拔顶，舒肩坠肘，右脚在身前落步为虚步。全身略向上领起呼气，两掌缓缓下送随式下按，右手在前左手在后，双掌心向下。右脚尖虚踏，左腿坐实。依式缓舒缓按，内力渐伸渐蓄，式式连绵不断（图 3 – 38 ~ 图 3 – 42）。

图 3 – 38

图 3 – 39

图 3 – 40

图 3 – 41

图 3 – 42

12. 提手上势

由前式向左转体，右手徐徐下落，重心渐渐移至右腿，坐右胯，右脚踏实；左脚向左侧前方向迈步，以脚尖虚踏地。左臂微屈肘，掌心朝左，随右掌下行，徐徐转臂使左掌心朝右，并向上提至齐腹部高度；两掌继续按原运行轨迹动作。腰先右转再向左转，身子整体先向前微倾。然后左掌由前向内回收，右掌向前向上方运行，右手臂微屈，自右下使右掌与左掌心相对交错上提运行，左掌则向身前左下方运行。此时腰身中正，随式含胸拔背，含力吸气，提缩内敛。右手臂微屈缓缓上提至过顶，达到身躯自然挺直，长腰领臂，手眼相随，拔顶呼气，调息顶蓄，使内力外展，达到由脚跟以至头顶。上提右掌和左掌下按，要随式自如呼吸，全身抒发绵力伸实，方可以虚化实，使气力得以依式含缩与伸蓄，调动内外之整劲（图3-43～图3-45）。

此式关键在于腰的运转要适度，向左略转腰后，向右转腰时，右腿要徐徐随腰动随下坐右腿。双掌运行要圆润，有外掤力，右掌运转至右斜方时，左掌随势缓缓松垂下按，拢胸拔背，含胸吸气。周身上下形成整劲。

图3-43　　　　　图3-44　　　　　图3-45

13. 白鹤亮翅

由前式不停，左脚向内，以脚跟为轴，前脚掌向内扣；然后右脚掌以右脚跟为轴向外摆，向右扭身至右正前方，身躯向右转体后，徐徐下坐左腿。随式含胸坠右肘吸气，右掌运行至右斜上方与头平齐后，随腰的右转，双掌同时翻转，右掌向内翻转，使掌心向下；左掌向外翻转，使掌心向上。继而，腰向左转，双掌随转腰随向下引带，重心由右腿移向左腿，随之右脚以脚跟为轴，脚掌内扣，随左转腰，身体向左转，重心移至右腿，脚踏地站实，左腿屈膝提起后即向左侧前方迈一小步。随左转身，右手松肩下按，停于腹前。同时，松腰坐胯，顶精领起，随式呼吸，使内力伸蓄外展。依式左掌随左转身，含胸拔背，左臂屈肘侧立，掌心向下，停于左侧位置，掌高与头齐平。此时呼吸转换要自然均匀，吸气时，绵力含缩以待发式；呼气时，要配合劲力的打出而呼出。同时，提左步向左斜方侧迈步时，以足尖虚踏地。左手随式向左斜侧打出时，要松腰拔顶，使内力外展顶实，以掌心撑力，向外打出（图 3-46~图 3-53）。

图 3-46

图 3-47

图 3－48

图 3－49

图 3－50

图 3－51

图 3－52

图 3－53

14. 搂膝拗步

由前式，左手前伸，向右拢与右肩对齐，含胸掣肘。左步回提与右腿并拢，右脚踏实，左脚尖点地。同时，右手自右后侧，掌心向上抬起至耳后，成掌心向前，左掌向右肩运动的同时渐渐吸气。上动不停，向左转腰，依式随转腰，含胸拔背，以领动脊骨，使内力提缩吸气，为静中待动。同时，左腿向左斜侧迈出，脚跟着地。左手随式搂膝，右手随即齐胸高度，向左斜侧前方打出。顶左膝压胯成左弓步。此时，左掌在左膝外侧，右掌在胸前微屈臂向前推出，双掌到位时，其劳宫穴均向外微凸。同时要松肩，顶精领起，劲由脊发，呼气使全身内力，渐伸渐蓄，指尖顶力，意念贯注。此式运行，要舒缓连贯，心手相应，连绵不断（图3－54～图3－56）。

图3－54   图3－55   图3－56

15. 手挥琵琶

由前式右手不动，提右腿上步，与左腿并步以脚尖点地，左脚踏实。此时左实右虚。同时长腰，右手指平伸，左手位置相对不动。继而右腿随式后撤回原位置。右掌自正面随身腰后撤；同时，左手自左侧向前伸臂拢抱，右掌心在胸前停于左肘内侧（图

3－57～图3－60）。

　　此式运行，依身体运动，含胸拔背吸气，含缩内力，随式拔顶，松腰沉肩屈肘。呼吸要随身形劲力的调整伸蓄，自然运行。右腿先并步与后撤步，要稳重有灵动；双手配合要协力舒展，使全身之气与力，依式顶实，绵绵贯蓄；转化相接，严谨自然，不留痕迹。

图3－57

图3－58

图3－59

图3－60

16. 左搂膝拗步（同14式）

17. 右搂膝拗步

接前式，右手前伸向左拢与左肩对齐，腰先向左转，再向右转，坐左胯含胸掣肘，提膝上右步，向右斜侧蹬迈，脚跟着地踏实成右弓步。右掌搂过右膝，停于右腿外侧；同时，左手自左后侧，掌心向上抬起至左耳侧，而后掌心向右斜侧方缓缓打出（图3－61、图3－62）。

上述动作要连贯运行，并依式做到含胸拔背，以领动脊骨，使内力随吸气提缩，为静中寓动。同时，左掌向前打出、右腿屈膝成右弓步，要随腰的拧转一气呵成。此式需顶右膝，压胯松肩，顶精领起，劲由脊发呼气，使全身内力，渐伸渐蓄，得以外展。左掌打出至顶尖时，指尖继续顶力，意念贯注于向前打出之手。

图3－61　　　　　　　　　图3－62

18. 左搂膝拗步（同16式）

19. 手挥琵琶（同15式）

20. 二起掌

接手挥琵琶式，两掌同时向内翻转反掌，使手心向下，左手在前，右手在后，左掌根与右掌指尖，相距约10厘米。右腿坐胯，脚力踏实；左腿在前，虚踏地。随式含胸拔背，缩腰吸气，提含内蓄之力，动中化静。两手位置保持不变，随腰身领起，同时徐徐向腹部回撤。左脚随双掌回撤，亦向后回撤小半步。双掌回撤至腹前部位后，即圆转上提至胸前。此时左步撤回后略停，而后徐徐向前移动至原位置。两手随势舒伸按出，随动随松腰沉肩，顶精领起呼气。呼气时，左膝顶力，左足踏实，右腿在后虚屈，腰身依式略前探。双手按力伸蓄时，要将内力顶实，达到意气力随式演变而含蓄，贯通如一，来牵动内脏，促发生机（图3－63、图3－64）。

图3－63

图3－64

21. 裹肘

由前式左脚踏实，成左弓步，略向左徐徐转腰。随之双掌舒肩探背，随向左转腰，双掌随身动，同时向左前侧方揉按，至力点位置后，长腰提右步与左步并拢。随式含胸拔背，吸气敛缩。继而右脚向右前侧位置上步，腰向右转将身体摆正。随身体摆正，右掌在原位置反掌，掌心向下，左掌则同时反掌将手心向上。右腿向右斜方蹬迈，脚跟着地，右膝前顶力。双掌向右运行至右膝上方时，右掌向下压，左掌向上托，腰身前抵，将内力贯足，左腿在后屈虚（图 3 - 65 ~ 图 3 - 67）。

此式运行，须以腰领动身体右转，随转身向右裹左肘，右肘贴肋，舒肩松腰，顶精领起呼气，绵力伸蓄，使内力得以外展，达到虚实转化，自然灵动，内力贯穿，毫无滞碍，气于丹田鼓荡，劲路运行通畅，发力绵中寓刚。

图 3 - 65　　　　　　　图 3 - 66　　　　　　　图 3 - 67

22. 进步搬拦捶

由前式，左臂屈肘盘回，左掌向内翻转使掌心向下，并含下按之意。提左步向前迈出，脚跟着地徐徐踏实，右腿在后虚屈；含胸吸气。随之右掌变拳，拳眼朝上，随式顺左手心下侧向前打出。右脚继续跟步，脚掌着地，并步于左脚内侧。此式右击拳时，须顶左膝，舒肩松腰，拔顶呼气。握拳顶力伸蓄时，身要中正，并随式蓄力前移，以充全身之内力，贯于打出之拳上（图 3 - 68 ~ 图 3 - 71）。

图 3 - 68

图 3 - 69

图 3 - 70

图 3 - 71

23. 如封似闭

接前式，右腿回撤至原位置，坐右胯脚力踏实，身体随之后移，左脚回撤，脚掌点地虚踏。身体右拧转，随腰的拧转左手自右肘下，以左掌背沿右小臂前伸；右拳回撤，并徐徐变掌，至双腕交叉时，身体转正，两掌向左右分开，至双乳位置时，向胸前略带力，并翻转双掌，至两掌在胸前平伸时，掌心均向前；两臂交叉运行时要贴肋缩回，含胸缩腰坐右腿，随式吸气使内力含缩，蓄而待发。双臂缩回后，双掌心向前，上左步回到原位置，上身随左步前进而向前运动，双手同时向前打出。随式要顶左膝，脚力踏实，右腿虚屈。顶精领起，松腰舒肩，劲由脊发呼气，随呼则双手以掌心摧挤，使全身之劲力，绵连合力向前，自能由内而达于外，以充壮筋骨，并以待转式（图3－72～图3－75）。

图3－72

图3－73

图3－74

图3－75

24. 十字手

由前式，向右扭身90°，随转体，右手屈肘在上，掌心向前，身体重心移到右腿，随重心右移，右掌向右引带；左手在左侧胯部位，指尖向前向左斜下方按掌，两掌均以手背领动，两臂有明显的外掤力。同时，坐右胯脚力踏实，左脚向右脚内侧并拢，以脚尖点地。双臂则徐徐由上向下，再向胸前运行，左掌在内，右掌在外，两腕相贴，两掌心均朝内，双手盘搭为十字手形，此时两掌高与头平齐。随式含胸拔背吸气，提缩敛力。继而将左腿脚力踏实，提右步再向右侧蹬迈，脚跟着地虚踏。两手高举分开，由上向下徐徐扑按。随式顶右膝脚力踏实，上身挺起，左腿蹬力后，向右脚内侧再并步。左手由左侧向上再向胸前屈肘，掌与头齐平；右掌自身体右侧经下方，向上与左手相搭，为十字手形。此时要松腰舒肩，顶精领起，随扑按之式呼气，渐渐使内力向外绵绵伸蓄。随式身腰略向左转，坐左腿脚力踏实，随式含胸吸气，同时再提右腿向左脚并拢，右脚以脚尖点地，随动随吸气，身体缓缓站直，以含缩蓄力向上领起（图3－76～图3－83）。

该式是因动化静，静则全身内力敛蓄，动则大势覆盖后的向上擎起，动后复归于静，以待再发动。以此绵绵相续，劲力由上向下，又由下向上，如长江大河波涛滚滚，连绵不断。

图3－76

图3－77

图 3 - 78

图 3 - 79

图 3 - 80

图 3 - 81

图 3 - 82

图 3 - 83

25. 穿掌揽雀尾

接前式，腰身领动，身体重心移至右腿，左脚掌碾地，脚跟顺时针外展，身体重心移回左腿，继而以腰身之力，向右侧转体约135度，坐左胯左脚踏实，右腿在身前屈膝提起，转体后，以脚掌虚踏地。双掌同时向内翻转，使掌心均向下；腰身继续向右带，与此同时左手缓缓向前伸出；右手随式，自右向下方徐徐后撤至身后时转肘，至与肩平时，反掌向上，屈臂掌心向外，右手背自右耳后经右腮旁缓缓向前探，随右臂前探，身体转正，此时两掌在身前平齐位置，含胸拔背吸气含力。双手再徐徐前探，至顶点位置。右膝顶实，左腿在身后微屈。随双掌前探，舒肩松腰，顶精领起呼气。随上动不停，双掌均向外翻转，成掌心向下，双手含向下回搂之意，随呼气徐徐向腹前引带。同时，右腿渐渐坐胯站实，左脚跟略提离地。至右腿坐实时，双掌在腹前向胸部位置上提，随式吸气两肘贴肋，双掌至胸前位置后，即前移重心，顶左膝，身随膝动，摧挤两臂，以掌心向前伸蓄，用内力将双掌打出。之后向右转腰，双掌向右侧划弧引带吸气；再向左转腰，并带动两臂连动运行，至左小臂到胸前时，向左挤出；右掌随左掌动作，先自腹前向左推按，至与左掌相对时，双掌掌心向内，齐胸部高度向左右分开，随式沉肩坠肘，至略宽于肩时，双掌同时向外翻转，使掌心向前，伸臂前按，随按随向中心并拢，并顶右膝成右弓步，呼气将双掌打出。此时要含胸拔背，以气催力，借力行气，以尽其刚柔虚实，静动运化之妙，绵绵相接，运行不断（图3-84~图3-103）。

图 3 - 84

图 3 - 85

图 3 - 86

图 3 - 87

图 3 - 88

图 3 - 89

图 3 - 90

图 3 - 91

图 3 - 92

图 3 - 93

图 3 - 94

图 3 - 95

图 3 – 96

图 3 – 97

图 3 – 98

图 3 – 99

图 3 – 100

图 3 – 101

图 3－102

图 3－103

26. 抱虎归山

由前式，重心移至左腿，向左拧腰转体至原十字手之方向。两掌心向下，随转体向左平行划圆。右脚以脚跟为中心，抬前脚掌向左内扣站实，腰向右拧转。双掌略向胸前引带后向右划圆，至右侧时两掌心略向外推力。同时，左脚向右脚并步，脚尖点地，右腿脚力踏实，随即左步做半月形，向左侧外摆脚尖约135度。随式反左臂屈肘抱圆，掌心先向内，再随转体翻转成向外；右臂伸展，掌心亦向外，双掌指均朝右，含胸拔背吸气，含缩内力，随吸气以腰领动全身，向左后转体约180°。随吸气，以腰领动全身左转，来牵动脊椎骨之旋转力，使劲力达于肩肘，贯于双手，形成扭转一致的中心力，以带动两臂随式向左盘旋。随转体右腿由身后向前摆腿迈出，左腿屈膝脚踏实；右腿在身前屈膝，脚掌点地虚踏。双掌随转体，以左手在后右掌在前，在身前同时下按。此式，要随动随转体，拔顶松腰，舒肩呼气，以伸蓄顶力运转。

转身后右步在前，双掌随转体后，右掌在前左掌在后按于身前。继而重心前移，顶右膝脚力踏实，左腿在后微屈。双掌向前徐徐伸出，随掌的前伸，身体渐渐向上领起。随身体领起，左掌继续前探，至顶点时变勾手；右掌向后运行，撤至右耳侧时亦变勾手。此时含胸吸气，使外转力绵绵随吸气以回缩，含蓄而待发，来调适动转间的伸蓄舒发与含缩提敛之转化作用，使运行之力自然连贯，内外如一（图3-104～图3-115）。

图3-104

图3-105

图3-106

图3-107

51

图 3 – 108

图 3 – 109

图 3 – 110

图 3 – 111

图 3 – 112

图 3 – 113

图 3 - 114   图 3 - 115

27. 肘底看捶

　　由前式，两掌变勾手后，重心移至右腿，压右胯提左脚向前迈左步，左足尖点地虚踏。左手勾手变掌回撤至肋处，以肘贴肋；随左掌向后运行，右勾手变掌，向前伸探，待其至顶点时即往回撤；左掌自右臂肘弯处向上方穿出，屈肘在身前立臂；同时，右手运行至左肘下虚握拳。随式顶精领起，沉肩坠肘松腰，向下坐右胯，右脚踏力呼气。劲由脊发，左肘坠力，以便随呼气，使内劲外展，绵绵顶蓄，贯注合一，以体会招式运行之中，蓄劲、发劲之妙（图 3 - 116、图 3 - 117）。

53

图 3 - 116   图 3 - 117

28. 倒撵猴（一）

由前式，原式不动，左掌不变，含胸拔背，以支撑起腰脊骨的变招换式之潜蓄力；再随式长腰，全身徐徐领起，吸气含缩。同时，左腿屈膝上提至身前。右拳徐徐向前打出，至顶点时，由拳变掌，掌心向上，继而缓缓向身后回撤；左掌心向下，与右掌交错后，往前伸探按。舒肩拔顶，松腰呼气。随右手变掌，手心向上后撤的同时，屈膝提起的左腿，随之向身后落步，脚掌先落地，而后全脚落地踏实。于左腿后撤的同时，右掌自前向身后运行，至左脚落步踏实，右掌运行至身后略高于腰的位置（图3－118～图3－119）。

图3－118

图3－119

29. 倒撵猴（二）

由前式，左手反掌手心向上，右腿虚力在身前抬起，左腿支撑全身力。此时两臂在身前身后平举。随即右臂屈肘，右掌经右耳侧，向前徐徐伸探，左掌心向上齐腰高度回撤，两掌在身前汇合时，要使两掌心上下交汇，而后右掌继续前行；左掌向左侧身后回撤。右腿屈膝，抬腿后撤；左腿支撑全身后撤之中心力。随动随呼气，以充壮内力，拔顶舒肩，探按伸蓄，使内劲外展顶实。

右掌自身后经右耳侧，掌心向下与左手上下相对时，须坐左胯，左脚踏实，右脚尖虚点地再抬起。随式含胸吸气，敛蓄内力。同时，右掌向前探按，左掌手心向上，回撤至身后，展开与肩平。后撤右腿时，前脚掌要先踏地，后全脚逐渐踏实。此时，要拔顶舒肩，松腰呼气，以伸蓄随动随呼之内力，依式左腿在前逐渐虚力，以调整全身后撤运动之中心支撑力，方能式式相连（图3－120~图3－126）。

图3－120

图3－121

图3－122

图3－123

图3－124

图 3 - 125

图 3 - 126

30. 倒撵猴（三）

由前式，与 28 式同。

31. 斜飞式

由前式，重心在左腿微屈膝站稳，右脚向左脚并步。与此同时，向左拧腰，左臂微屈，掌心向下有外撑之力，右掌翻掌，使掌心向下，肘微屈，小臂亦含外撑力；双掌随左拧腰在身前盘旋，至右掌运行至身前，手心向下时，左掌翻转使掌心向上，顺右臂自右肘内侧向前上方向穿出，右掌心向下停于左肘下。此时要随式，含胸拔背，脊椎骨蓄力，吸气提缩。上动略停，右腿坐胯，左腿略虚力，左脚尖略内扣后踏实，重心移回左腿，屈膝下蹲。随式向右扭身，右腿向右侧迈出，随即顶右膝，重心移至右腿。随右腿迈出的同时，双掌翻转，使左掌心向下，在身前平展；右掌心向上，以手背下塌后，继续以手背行力向右侧领动外展，至与肩平时停住。右掌在右侧展开时，要随转身徐徐抬起，起时要拔顶舒肩，呼气顶蓄，内力外展；左掌在左侧，配合右臂的舒张而舒展，两掌心均向前，以调适双臂舒伸换式之连贯性，达到劲由脊发之目的（图 3 - 127 ~ 图 3 - 132）。

图 3 - 127

图 3 - 128

图 3 - 129

图 3 - 130

图 3 - 131

图 3 - 132

32. 低手下势（同 11 式）

接前式，上动不停，身体高度保持不变，重心移回左腿；右脚以脚跟为轴，脚尖内扣，再将重心移回右腿。双掌向身体中部胸前汇拢。左脚尖外摆，身体左转 90°调正。身体重心再移回左腿。以后动作，依照 11 式的动作说明运行。

33. 提手上势（同 12 式）

34. 白鹤亮翅（同 13 式）

35. 左搂膝拗步（同 16 式）

36. 海底针

由前式，右掌继续向前伸探。随式右脚上步并于左脚内侧。左掌在左膝外侧下按。右脚先向左脚并步，后即撤回原位置，右腿弓膝，脚力踏实；左腿向后撤，并步于右脚内侧，左脚尖虚点地。随即身体向上领起，随起身，右掌向身前头上领起，掌心向左；左掌则在身前向下探，掌心向右。之后两腿同时下蹲。随之右手提起后，随身后缩下蹲，向下运行；左掌则向上运行。此时要含胸拔背，以支撑腰脊椎骨，转换姿势之潜蓄力。右手徐徐后缩时要随吸气随缩，绵力含蓄。双腿下蹲的同时，要松肩松腰坐胯，屈右腿身要正直，顶精领起，随式呼气。右手徐徐下送时，手指对左足尖而顶实，左掌则停于右腮侧，身体下蹲时，要有使内力向下输送的意念，以使劲力节节增蓄（图 3 - 133 ~ 图 3 - 136）。

图 3 - 133

图 3 - 134

图 3 - 135

图 3 - 136

37. 扇通臂

由前式，身体向上领起，右手向头上方向抬起，左手随式屈肘贴胸。含胸拔背，吸气含缩。随即左步向前蹬迈，顶膝脚力踏实；右脚在后虚屈，成左弓步。左手自胸前顺右臂打出，右手翻掌，掌心向右侧斜上方，微屈肘置于头顶上方，双手同时向外撑拿开。随式顶精领起，舒肩松腰呼气，绵绵伸蓄顶肘，内力外展，借气行力，转换相接，式式绵连（图 3 - 137 ~ 图 3 - 139）。

图3－137　　　　　　　图3－138　　　　　　　图3－139

38. 撇身捶

接前式，双手握拳，两拳眼相对，向左拧腰，随之两臂屈肘，贴左肋随拧腰随向下运行。同时，坐右胯右脚踏实压右肘，左腿在前虚踏。两拳相对，随之身体向右后拧转。当身体右转时双拳贴胸也随着向右运行。随式含胸拔背，吸气含缩，全身转至后正面时，坐左胯左脚踏实，右腿向右侧前方迈出一步，先虚力，再顶实成右弓步。左拳对右肘，双拳向前伸探，左手随式继续顺右臂向前上方打出，继而变掌，掌心向下，随长腰随向前探出；右拳则回撤至左肘内侧。然后坐右胯，双手变掌，掌心向下，随式向下回按。随按要拔顶沉肩，松腰呼气，向前伸蓄，使内力外展，由实再转式以化为虚，以使动作两相依循，连绵不断，节节增蓄（图3－140～图3－146）。

图 3 – 140

图 3 – 141

图 3 – 142

图 3 – 143

图 3 – 144

图 3 – 145

图 3 – 146

39. 裹 肘

接上式，双手姿势不动，先上左步。随上步，双掌位置相对不动，借腰力先向左侧外拨。随之上右步，成右弓步。随上右步，左手掌心向上翻，使掌心向上向前伸探；右掌掌心向下，在左肘内侧下压，两掌形成杠杆合力。随着两手动作的运行，腰身向前上，双掌齐胸高度向前伸探（图3-147～图3-153）。

图3-147

图3-148

图3-149

图3-150

图 3 - 151   图 3 - 152   图 3 - 153

40. 搂膝上步挤

由上式，提左腿向左斜前方迈步，脚跟着地顶膝，右腿在后微屈。左臂屈肘向外掤劲，手心向下，向左斜侧平将，至顶点时，腰向左拧，调正身形，右臂在身右侧，也向外掤住劲，右掌心向下。在左右两臂同时向外掤力的同时，提右腿向右斜前方上步。同时，两臂在身体左右贴肋翻掌，使掌心向前，随右步踏实，双掌向前推出。随式顶精领起，舒肩松腰呼气。左右两手向左右斜侧下按，提右步向前迈出，两手贴肋翻转时，右掌顺时针翻转，左掌逆时针翻转。双掌翻转时，要含胸拔背吸气，提缩蓄力，右脚跟落地踏实，顶膝压胯；左腿在后虚屈时，要顶精领起，舒肩松腰，呼气伸蓄。双掌翻转后，掌心向前，指尖顶力，向前徐徐打出要使内劲，借行力绵绵增蓄外展（图 3 - 154 ~ 图 3 - 159）。

63

图 3－154

图 3－155

图 3－156

图 3－157

图 3－158

图 3－159

41. 驼（同5式）

42. 打按（同6式）

43. 揉（同7式）

44. 挂（同3式）

45. 打按（同7式）

46. 尾（同9式）

47. 单鞭（同10式）

48. 云手（一）

由前式，身体右转90°，右脚跟为轴，脚掌外展，将身体调正。随身体右转，右臂微屈，右勾手变掌，翻转使手心向里，右手向右领动，至右侧时掌心略向外推力按出。同时，顶右膝脚踏实，左腿虚力向右并步，随式拔顶松腰，舒肩呼气蓄力，内力外展。同时，左手手心向里，由左向右回旋至右肘，双掌劳宫穴向外凸，略向外推按后恢复原状。随动含胸拔背，吸气绵力含缩。上动不停，左脚略贴右脚内侧后，即向左横向蹬迈开步。随左腿开步的同时，向左扭腰，左手手心向里，指尖向右与目平，随左转腰，徐徐向左领带，领至左侧后反掌，掌心向外按出；右掌随之运行到左肘处，掌心向左，掌指朝下，双掌劳宫穴向外微凸略向外推出后恢复原状。与此同时，顶左膝，脚踏实，右腿虚力，随式拔顶松腰，舒肩呼气，渐按渐呼气，绵绵伸蓄顶实，转式以化虚（图3-160~图3-167）。

图 3 – 160

图 3 – 161

图 3 – 162

图 3 – 163

图 3 – 164

图 3 – 165

图 3 - 166

图 3 - 167

49. 云手（二）

上动不停，右脚略贴左脚内侧后，再向右横向开三分之一步，落步踏实。右掌上抬，掌心向里与目平齐，由左向右回旋至右侧，随腰徐徐右盘，盘至右侧前方，反掌向外按出。随式含胸拔背，吸气含缩，右腿迈出，腰向右扭转。同时，左掌随右掌的运动向右运行，置于右肘内侧位置时，双掌同时向外推出，推出后劳宫穴微向外凸后恢复原状。随动则呼气；同时，顶右膝，脚力踏实，左腿虚力，随式拔顶松腰舒肩，伸蓄内力使之外展，达到节节增蓄，相互依循。此后以 48 式的动作，再做一左云手（图 3 - 168 ~ 图 3 - 180）。

图 3 - 168

图 3 - 169

图 3 – 170

图 3 – 171

图 3 – 172

图 3 – 173

图 3 – 174

图 3 – 175

图 3 – 176

图 3 – 177

图 3 – 178

图 3 – 179

图 3 – 180

50. 云手（三）（同 48 式）

51. 单鞭（同 10 式）

52. 高探马

接前式，上身领起，右脚向前行至左脚内侧踏实，左脚为虚。与此同时，左手舒肩探掌前伸，右手屈肘将勾手变掌，自耳后与眉齐平，手指并拢，以掌外沿顺左臂向前徐徐伸探；同时，左手与肩平齐，内旋掌心向下缓缓回撤。随式坐右胯，右脚力踏实，左脚在前虚踏时，含胸拔背吸气。随吸气，腰身缓缓下坐，右手随坐腰前探，左掌则掌心向下，随内旋臂随后撤至右胸前。此时要使内力含缩提敛，有转式蓄发之意念（图3-181～图3-185）。

图3-181

图3-182

图3-183

图3-184

图3-185

53. 右分脚

由前式，双膝微屈，身形略下蹲，先向右拧腰。右臂屈肘向右领带右掌，左手顺右腋贴胸贴胯向左侧下按。拔顶舒肩，松腰呼气，使内力伸蓄。右手再自右侧下按。闪左步向左侧蹬迈脚，左脚踏实，右脚成虚踏。左手由裆向左斜侧挑起；同时，向左扭腰，右手向右侧前上方向抬起。右腿随即向右掌方向抬踢，身体向上长起，左腿独立站直。此时，右手掌心向上，有向上托起之意，高与头平；左臂在身后，掌心向上，高与肩平，停于身体左侧。含胸拔背，吸气含缩。抬右腿向右前方踢出时，要身稳气沉，分脚有虚灵之意（图3－186～图3－193）。

图3－186

图3－187

图3－188

图3－189

图 3 – 190

图 3 – 191

图 3 – 192

图 3 – 193

54. 左分脚

前式略停，右手掌心向上托起的同时，两臂舒展，舒肩松腰，顶精领起，呼气使内力伸蓄外展。之后随式将右腿落于右侧，站稳踏实。同时，右臂屈肘反掌向下随腰右转。随式右脚踏实，左脚成虚。向左拧腰，左手掌心向上，向左上前方托起于左腿前。随式含胸拔背，吸气含缩内敛。再徐徐抬起左腿，向左前侧方踢出。左手掌心有向上托起之意。身形略下沉，两臂舒肩松腰，顶精领起，呼气伸蓄内力，使式随意发，意动气随，力向外展，内外相应（图3－194～图3－196）。

图 3 - 194   图 3 - 195   图 3 - 196

55. 转身蹬脚

由前式，左分脚后，左脚在右脚后落地，重心落于左腿；右脚以脚跟为轴脚尖内扣，身体左转90°调正，重心移回右腿，随式向左转腰。同时，双手掌心向里，随腰的左转，双手左手在前右手在后，腕部相贴，在胸前盘搭做十字手形。随式含胸拔背，吸气含缩内力。再坐右胯，右脚踏实，左腿虚力，屈膝提起，随即向左侧，以脚跟之力蹬出。同时，两臂分开，手心均向上托起。此时须拔顶舒肩，松腰呼气，伸蓄内力，劲由脊发，渐伸渐外展，以将力顶实（图 3 - 197 ~ 图 3 - 199）。

73

图 3 - 197   图 3 - 198   图 3 - 199

56. 搂膝指裆捶

由前式，左腿屈膝收回，右腿略下蹲，身形略下沉；继而左脚落地踏实，右腿在后虚屈。左手由前向左搂过左膝，右掌则自右耳侧随左掌搂膝，徐徐向正前方向打出。右掌至顶点时，随式提右步向左腿并拢，并划过左脚内侧，向前迈右腿，脚力踏实，左腿在身后虚屈。随动右手搂右膝，左掌则自左耳侧向正前方向徐徐打出。左掌打至顶点时，随式提左步，含胸拔背，吸气含缩，继续向前迈左步，左脚落地踏实。左手搂左膝，随式右手握拳，自右耳后转肘使手背向外，顺正前方向地面下击拳，至距地面约15厘米时停住；左手则掌心向右，停于右肩窝处。此时要探腰舒肩，拔顶呼气，随呼气随将右手拳徐徐打下。上述动作，腰脊之力须绵绵顶蓄，右拳渐下打渐伸肩，以顶实内力（图3－200～图3－206）。

图3－200　　　　　图3－201　　　　　图3－202

图 3 – 203

图 3 – 204

图 3 – 205

图 3 – 206

57. 翻身撇身捶（同 38 式）

58. 上步裹肘

由前式，右膝前顶力（膝部弯曲不可超过脚尖）。右拳随右膝前顶，向前沿左小臂外侧缓缓伸出，至两腕相贴时，双拳变掌同时外翻，掌心朝前，双臂前撑外掤，高与头平，随外滚小臂随向前伸送。继而向前迈左步。双掌向左右分开落下，并渐渐向两肋侧收，至双肘贴肋时，双手握拳，右拳在上，左拳在下，左拳眼对右拳轮，双拳面朝前，随式缓缓前顶。继而随式左脚踏实，左腿略屈，右腿以自然弯度，将脚跟向正前方向蹬出。双拳随脚蹬出的同时向前打出，此时双拳要与脚在一竖向的直线上。顶精领起呼气（图3－207～图3－210）。

图3－207

图3－208

图3－209

图3－210

59. 卸步打虎

由前式，右腿屈膝收回后撤，在身后落一大步，左脚继续后撤一步。含胸拔背，吸气含缩。同时，两拳变掌，右前左后随身体后撤，向左侧捋带。左腿在后撤成右弓步的同时，两掌变拳，以腰带动右拳，自左肋侧由下向上抡旋打出，高与头平；左拳随右拳运动屈臂，拳面朝右，向右侧齐胸高度打出。随打要含胸拔背，吸气提缩内劲。上动不停，身体向后略撤，坐左腿，脚踏实，右腿虚力。右拳向里裹肘，经腹前向右引带，再向左齐头高度拳眼朝下，向前抡打；左拳相机自左侧向腹前运行，并以拳眼朝上停于胸前。此时双拳眼相对，右拳面向左，左拳面向右，停于胸前。此式双拳运行相随而动，似流星赶月，似在身前画出一太极阴阳图形。此式的运行，要随式顶精领起，舒肩探背，以腰拧带两臂；劲由脊发，随抡拳击打随呼气，以伸蓄内力，使之外展（图3－211～图3－217）。

图3－211

图3－212

图3－213

图3－214

图3－215　　　　　图3－216　　　　　图3－217

60. 双风贯耳

由前式，双臂向左右两侧分开。同时，重心移至右腿，向前蹬迈左步，落脚踏实；右腿虚力屈膝，在身前提起。同时，两手自身两侧下贴肋。随式含胸拔背吸气，提缩内力，右脚向前蹬出。两拳仍以右上左下的方式，同时向前击出。坐左胯，顶精领起，舒肩呼气，伸蓄内力。上动略停，右腿屈膝在身前收回，继而右脚落地。随式两拳变掌，手心向上，向左右下方引带回撤。随式含胸拔背吸气，右脚落地后，即顶右膝，脚力踏实，左腿在后虚屈，身体重心前移。随式两手握拳，双拳拳眼相对，沉肩坠肘，将双拳自两侧，向前方中间圈打，至双拳相距约10厘米时停住。此时要顶精领起，松腰舒肩呼气，随呼气，劲力缓缓伸蓄，向外顶实内力（图3－218～图3－224）。

图 3 - 218

图 3 - 219

图 3 - 220

图 3 - 221

图 3 - 222

图 3 - 223

图 3 - 224

61. 披身蹬脚

由前式，身体后移，重心先落于左腿。双拳变掌，向身之两侧分开贴肋。随式含胸拔背吸气，含缩内敛。同时，右脚尖向外侧拧转，重心移回右腿，右脚跟踏实；左腿虚力屈膝在身前提起，左脚向前蹬出。与此同时，双手握拳，左拳在上，右拳在下，右拳眼对左拳轮，随左脚蹬出的同时，与左脚平齐，同时向前打出。随式蹬左脚坐右胯时，要顶精领起，舒肩探背，身要中正，右脚稳力呼气，劲由脊发，以伸蓄内力（图3－225～图3－228）。

图 3 – 225

图 3 – 226

图 3 – 227

图 3 – 228

62. 转身二起脚

由前式，左腿回撤并向右腿外侧下落。双手撤回贴肋。右脚稳力，以脚拧带转全身，向右原地后转体，仍回到原位，身随式动。此时须含胸拔背吸气，含缩内力。转体后以左脚稳力，向前踢起右腿。双手掌心向上，由两侧舒肩托起，平肩高度伸出。顶精领起呼气，伸蓄脊骨之内力以顶实，劲力达于手指足趾之端（图 3 -229、图 3 -230）。

图 3 - 229

图 3 - 230

63. 右搬拦捶（同前式）

由前式，右腿收回，右脚前脚掌落地。右掌由左肋侧向右，运行至身前位置；左臂微屈，掌心向下，与右掌相对做抱球状。继而右脚向前上步，左脚再上步。随动右掌变拳，拳眼朝上，随式顺左手心下侧向前打出。右脚继续跟步，脚掌着地，并步于左脚内侧。此式右击拳时，须顶左膝，舒肩松腰，拔顶呼气。握拳顶力伸蓄时，身要中正，并随式蓄力前移，以充全身之内力，贯于打出之拳上（图 3 -231 ~ 图3 -234）。

图 3 – 231

图 3 – 232

图 3 – 233

图 3 – 234

64. 如封似闭（同 23 式）

65. 捋手

由前式，坐右胯，脚力踏实，左腿在前虚踏。左手在前，右手在后，两手心向下，一起向右后侧捋，随捋随动转身形。捋时要缩腰含胸，沉肩吸气，渐吸渐捋，以含缩内力，敛之于骨，潜蓄待发，以达因动化静，柔中寓刚（图 3 – 235）。

图 3 - 235

66. 挤

由前式，顶左膝，脚力踏实，右腿在后虚屈。屈左肘抱圆上提与肩平，随式右手辅助左腕，随腰身略左转，双手合力绵绵伸蓄。此时，顶精领起，舒肩压胯，向前挤出，同时呼气，随呼随顶实内力，势由意发，气随力行，贯通一致，继而接下式（图 3 - 236、图 3 - 237）。

图 3 - 236

图 3 - 237

67. 十字手（同 24 式）

68. 斜穿掌揽雀尾

该式与穿掌揽雀尾不同点，是向右侧斜约 45 度做该式动作，其他则与第 25 式相同。

69. 斜单鞭

由前式，向左拧腰，双掌随之向左平行运动。重心落于左腿，右脚以脚跟为轴，脚掌向内扣，上身左转约 135 度。双掌在胸前划圆，经腹前向右侧推出，推出至顶点时，右手变勾手，向右伸展与肩平。重心移回右腿，向左转体至左斜侧方，右腿坐实；左腿提步向右并步，随后再提左腿向左侧蹬迈，脚跟踏实，成左弓步。同时，左臂屈肘，以手心向里，随身左转，然后反掌手心向外，向左斜前方向徐徐打出。左弓步时左腿顶膝，要松腰舒肩，右腿虚屈。此时，需顶精领起呼气，随呼随伸，蓄腰脊之内力，使内力外展，达于指与足端以顶实（图 3 -238 ~ 图 3 -241）。

图 3 -238

图 3 -239

图 3 – 240　　　　　　　　　　　图 3 – 241

70. 野马分鬃

由前式，重心移回右腿，微屈膝下蹲，右脚踏实，身体向右转调正，左腿虚力，以脚跟为轴，脚掌向内摆并踏实。右臂微屈肘，勾手变掌，手心向上，落于腹前；左手心向下，高举于头上方。随式右腿屈膝，在身前尽量上提，脚掌则微向内翻，停于裆前。此时需含胸拔背，吸气含缩内力；随之左腿缓缓下蹲，右腿则徐徐向前蹬迈落步，逐渐踏实。随之腰向右转，右手掌心向左，随腰向右转向身前徐徐伸探上挑。同时，身体重心移至右腿，身体向上领起，左腿则屈膝上提到胸前，左脚掌微向内翻，停于裆前。右掌心向下高举于头上。继而左脚向前蹬迈，落步踏实，右腿虚踏。同时左手由裆下往上立掌挑起与肩平。随式顶精领起，舒肩松腰呼气，伸蓄内力。上动不停，再弓左腿，脚力踏实，右腿虚踏。左臂屈肘反掌，手心向下，右手徐徐回撤至裆下。含胸拔背吸气，敛缩内力。再提右步向前蹬迈，脚力踏实，左脚虚踏。同时，右手由裆下往上，立掌挑起与肩平。随式顶精领起，舒肩松腰，呼气伸蓄，内力外展，达于四肢端以顶实（图 3 – 242 ～图 3 – 252）。

图 3 – 242

图 3 – 243

图 3 – 244

图 3 – 245

图 3 – 246

图 3 – 247

图 3 – 248

图 3 – 249

图 3 – 250

图 3 – 251

图 3 – 252

71. 斜单鞭（同69式）

72. 玉女穿梭

由前式，坐右腿向右后转身。右勾手顺时针翻转使掌心向上，左掌自腹前向右掌方向，沿右小臂向前穿掌。再坐左腿。随式右手盘至左肘下。含胸拔背，吸气敛缩内力。向左转腰，继而向左前方上左步，左脚向左斜侧蹬迈，顶膝将脚力踏实；右腿在后跟步虚屈，停于左脚后。随式左手在上，顺时针滚动小臂，并停于头上方；右手向前探掌，向左侧齐咽喉高度向外打出。打出时，要拔顶舒肩，松腰坐胯呼气，伸蓄内力，以脊骨及两肩顶力，达于两手向外摧挤。上动略停，坐右腿缩腰掣肘，以左脚跟为轴，向右拧左脚，坐左腿为实，右腿为虚，向右后转体180°。随式含胸拔背，敛缩内力。随转体变式，全身右转，向右上步，顶膝右脚踏实，左腿在后虚屈。随式右手在上滚动小臂，左手由下向右侧前上方，齐咽喉高度打出。随打要拔顶舒肩，松腰坐胯呼气，伸蓄内力，以脊肩顶力使之外展。再坐左腿缩腰掣肘，向左转90°，右腿坐实，继而向左斜侧方蹬迈上左步。随式含胸拔背，缩腰吸气，收敛内力。同时，向左顶左膝脚踏实，右腿在后跟步虚屈。左手反肘在上滚动小臂，右手在下，同时向左侧前上方向打出。随着将掌打出，要拔顶舒肩，松腰坐胯呼气，伸蓄内力，以脊肩顶力向外摧挤。再继续坐右腿，缩腰掣肘，向右拧左脚，坐实左腿，向右拧右脚。随式含胸拔背，缩腰吸气，敛缩内力，转身变式，全身向右后转体180°，并向右侧上右步，顶右膝脚踏实，左腿在后跟步虚屈。右手反肘在上滚动小臂，左手由下向右斜侧方向伸肩探背打出。随打要拔顶舒肩，松腰坐胯呼气，以伸蓄脊骨及两肩，使内力贯于双手，向外摧挤（图3-253～图3-264）。

图 3－253

图 3－254

图 3－255

图 3－256

图 3－257

图 3－258

图 3 – 259

图 3 – 260

图 3 – 261

图 3 – 262

图 3 – 263

图 3 – 264

73. 上步挤（同 2 式）

74. 揽雀尾（同 3 式）

75. 单鞭（同 10 式）

76. 云手（一至三）（同 48、49、50 式）

77. 单鞭（同 10 式）

78. 下势

接前式，两腿位置不动，身体重心后移，坐右胯，右膝屈膝下蹲，成左仆步。左臂伸平，掌形不变，随仆步下蹲，向右转腰带动左掌，由左向右肩内侧运行，右勾手形不变。随式吸气，含缩内力。左手掌心由右肩处下滑，并沿左腿里侧，向左前方向冲挑。随冲挑要坐腰，舒肩伸臂，使左掌徐徐挑起。仆步完成后，即顶左膝，身体重心随左腿前移，左脚踏实，右腿在后虚屈。随式顶精领起舒肩呼气，劲由脊发向前挑起，内力绵绵以外展。右手随左掌向前挑起的同时，在身后成后勾手（图 3－265～图 3－268）。

图 3－265

图 3－266

图 3－267

图 3－268

79. 金鸡独立

接前式，身体调整，顶力站起。左掌不动，左腿蹬力站起，右手贴右胯至膝随腿一同向前提起，右膝对右肘，左脚稳力踏实。同时，右手屈肘立掌向前挑起，随式左手与右手交错下按。含胸拔背，吸气提缩内力。随动右脚尖向上挑；再蹲左腿，右脚随式下落，脚力踏实，左腿虚力。左手随式在腹前下按。随按拔顶沉肩，松腰呼气伸蓄，使内力外展。右脚落地后，略屈腿站稳时，左手屈肘立掌挑起，右掌下按至腹前。左腿随式提起，左膝对左肘；右脚稳力踏实，含胸拔背，吸气提缩内力，静中寓动，换式待发（图3－269～图3－274）。

图 3－269

图 3－270

图 3 - 271

图 3 - 272

图 3 - 273

图 3 - 274

80. 倒撵猴（一至三）

接上式按 28、29、30 式倒撵猴的动作运行。

81. 斜飞式（同 31 式）

82. 低手下势（同 11 式）

83. 提手上势（同 12 式）

84. 白鹤亮翅（同 13 式）

85. 左搂膝拗步（同 16 式）

86. 海底针（同 36 式）

87. 闪通背（同37式）

88. 撇身捶（同38式）

89. 搂膝上步挤（同40式）

90. 揽雀尾（同3式）

91. 单鞭（同10式）

92. 云手（一至三）（同48、49、50式）

93. 单鞭（同10式）

94. 低式高探马

接前式，上右步，右脚前脚掌落于左脚内侧，继而坐右胯，右脚跟踏实，左脚变虚步，前脚掌点地，两腿半蹲。随之左手反掌，使掌心向上，右手由右耳侧向前，以掌外沿沿左小臂缓缓前探。边探右掌，身体边向上挺起。随式含胸拔背，吸气敛缩内力。左肘贴肋回撤左掌。两掌交错时，右掌向上运行，高与头平齐，左掌向下运行至左腿膝外侧。此时，左掌要有下撑之意，右手五指伸舒，有向前上方打出之意。须顶精领起，松腰呼气，伸蓄腰脊，顶力贯肩，使内力达于指端以顶实（图3-275~图3-278）。

图3-275

图3-276

图 3-277

图 3-278

95. 上步压掌

接前式，身体重心移回左腿，右脚以脚跟为轴，脚掌外摆踏实后，重心移回右腿，身体右转90°，随转体左脚向转体后正前方向上一大步，屈膝半蹲；右脚随左脚上步，提腿跟进，将右脚掌并于左脚内侧，此时左腿实，右腿为虚。随转体右手自上经右下方，经腹前掌心朝上，停于左胯侧。左腿向前方上步踏实时，要压左胯，右腿在左脚内侧虚屈。随式含胸拔背，缩腰吸气敛缩。同时，左手转臂，由上向下经身前盖掌，掌心向下压；右手以肘贴肋，掌心向上托，两掌平齐，相距一小臂的距离，左掌下压与右掌上提形成对搓力。此时须顶膝拔顶，沉肩松腰，呼气伸蓄，劲由脊发。左脚跟稳力，全神贯注，以意发式，式动身随，身随力行（图3-279～图3-283）。

图 3 – 279

图 3 – 280

图 3 – 281

图 3 – 282

图 3 – 283

96. 十字摆莲腿

由前式，提右步向左并拢，之后身体重心移至右腿，左脚以脚掌碾地，脚跟向外摆；随即左脚踏实，重心仍移回左腿，身体向右转180°，身体略向上领起。两掌位置不变，随身体右转，右掌在腹前翻转，使掌心向左，以肘贴腹；左手反掌，掌心向上。随式含胸拔背吸气，提缩内力。同时，左腿稳力，右腿微屈，在身前齐腰高度抬起，全身挺立，随着腰的右转惯性力，乘势向右摆腿。右手随右腿的摆起，掌心向下贴于右胯侧；左手裹肘随身右转，掌心向上，左肘尖对右膝盖部位停住。此式肩部要尽量舒展，随转体，要伸肩拔顶呼气，伸蓄腰脊顶力，将内力外展以顶实（图3－284～图3－286）。

图3－284

图3－285

图3－286（背面）

图3－286（正面）

97. 搂膝指裆捶

由前式，右脚在摆腿后的位置落步，微屈膝站稳，身体左转调正，左脚在身前上步。随动右掌变拳，由右侧经耳侧向身前腹部前方下击拳，随击拳随将拳眼转为向上；左掌心朝右，护于右肩窝前位置。此式要身体正直，略前倾，左腿在前踏实，右腿在后虚力，两腿三七分力，将身体稳固。要含胸拔背，气沉丹田，右拳要有前冲力，内力要有全身捆足外展的表现（图3-287~图3-290）。

图3-287　　　　　　　　　　　图3-288

图3-289（背面）　　　图3-289（正面）　　　图3-290

98. 上步搭掌

由前式，右手屈肘握拳上提至胸前，由里往外向上转至项前，右拳变掌，掌心向上，右臂向前伸出；左手则自左侧屈肘上抬，左掌心向前，与右掌相对，在身前同时向前缓缓伸出，双掌高与头平齐。随式含胸拔背，吸气含缩内力。随吸气随将双掌前伸，左手在上，右掌在下，双掌做搭掌式。于双掌前伸的同时，迈右步，先以脚跟落地，脚掌向前赶至前脚掌支撑起身体后，右脚尖点地；左腿在身前屈膝提起，随左腿上提顶膝，右脚脚掌领起全身。随式左右掌同时自上方随向左大转腰，向左斜侧方捋动；当右肘与左膝相对时，双掌翻掌，使掌心向下，同时下按。上动不停，向右转腰，将身体调正，随之向前落左步，再上右步成右弓步。随右弓步形成，双掌向身前推出。此式随捋动，要顶精领起，沉肩松腰，坐胯呼气，借气行力，以伸蓄腰脊之内力，使之外展达于指端而顶实。随式再上右步，双手打出时，要使内力得以充分释放（图 3－291～图 3－297）。

图 3－291（背面）

图 3－291（正面）

图 3－292

图 3－293

图 3 – 294

图 3 – 295

图 3 – 296

图 3 – 297

99. 揽雀尾（同 3 式）

100. 单鞭（同 10 式）

101. 下势

接前式，身体重心移至右腿后，右腿屈膝下蹲，左腿在前做仆步。右勾手形不变，左掌心向下，直接向左脚面下按。此后动作与 78 式同（图 3 – 298、图 3 – 299）。

图 3 - 298

图 3 - 299

102. 上步七星

由前式，身体重心前移，顶左膝将身向上领起，左腿微屈膝，全脚掌着地踏实，与身体起立的同时，上右步坐左胯，右腿在身前以前脚掌着地虚踏。随式含胸拔背，吸气敛缩内力。左掌随起身变拳，拳背向前，在正前方伸出与肩平；同时，右手由下往上运行也变拳，拳背亦朝前，以左拳在内、右拳在外方式搭腕。此时要拔顶舒肩，松腰呼气伸蓄，劲由脊发，使内力外展，将全身之内力顶实（图 3 - 300 ~ 图 3 - 303）。

图 3 - 300

图 3 - 301

图 3－302

图 3－303

103. 退步跨虎

接前式，上身向右拧腰，双拳随拧腰向右运行至右侧方时，双拳变掌，重心略向前移至右腿，双掌心向外并向左侧捋带，至左侧后，身体重心略后移，双掌向右捋带；至身体中部时右掌向下运行，左掌向上运行至与头平齐。后撤右步，脚跟着地踏实，左腿在身前微屈膝，脚尖点地虚力。随式右掌向上、左掌向下运行，双掌在胸前交错后，以右向上、左向下方式，两臂在左右身侧展开。随式含胸拔背，吸气提缩内力。随退步右胯坐力，双手立掌向两侧伸展开时，两掌心均向内，要有静中待动，换式待发之意（图 3－304～图 3－311）。

图 3－304

图 3－305

图 3 – 306

图 3 – 307

图 3 – 308

图 3 – 309

103

图 3 – 310

图 3 – 311

104. 转身摆莲

由前式，左脚在身前，以脚跟为轴内扣脚掌，身体向右后转，随转体身体重心略移至左腿。右掌向胸前下落，并使掌心向外，左掌向身前上提，双掌平肩高度，掌心均向外。继而右脚以脚跟为轴，脚掌尽量外摆，重心移至右腿，右脚踏实，左腿虚提起。双掌手心向外，全身随之向右后转体360°，随转体双掌顺势随将转，以右脚脚踝旋力，左脚抬起随转之势，在身前落步踏实，此时双脚的位置应是左脚尖朝前，右脚尖朝左脚内侧。此时要拔顶拧腰舒肩，转时呼气伸蓄，顶实内力。左脚落地踏实的同时，双手在前向右，由上至下向左旋抢。随动含胸拔背，吸气含缩以蓄力。双手抢至正前方时，乘势左脚踏力，右脚在身前自左向右旋摆腿踢起，双手随即在面前击拍右脚面，发出连击声响；之后右脚落于右斜前方向，同时随抽拍之势，顶精领起，舒肩松腰呼气，以伸蓄腰脊中心，支撑内力，贯全力达于四肢端，以体现内力顶实，因实复转化为虚，静而后动，动而化为静，绵连相接，式式相连的动作完整性（图3－312～图3－316）。

图3－312

图3－313

图 3－314

图 3－315

图 3－316

105. 弯弓射虎

接前式，右腿摆莲后，在身体右侧落步，成右弓步，压右胯，脚力踏实，左腿在后虚屈。双手握拳，由左斜方屈肘贴胸，随式往右扭腰，双拳随扭腰撤至右方贴肋。含胸拔背吸气，随吸气敛缩内力潜蓄待发，是为静中寓动。同时，双肘贴肋，长腰拔顶，领动脊椎骨之内力呼气，随气行力伸蓄外展，随式双拳向右斜前方，以左拳眼向左向前打出；右拳眼亦向左，先停于右耳侧，继而左拳内旋小臂，使拳眼朝右，渐旋臂渐向右肩窝处回撤；右拳则与左拳交错后继续前行打出，双拳向前打出时，要与肩平齐，随式舒肩送力，将力送至拳顶及身腰四肢端（图3－317、图3－318）。

图3－317　　　　　　　　　　　图3－318

106. 左捋右捋

由前式，步型不动，坐左胯，脚力踏实，右腿在前虚踏。左手在下，右手在上，前后相错，共同往左捋带。随式含胸拔背，吸气敛缩内力。双掌捋至左侧后，再将右脚后撤一大步，坐右胯，脚力踏实，左腿在前虚力。双掌随式在左侧，直臂向上抬起，左掌在前，右掌在后，向右后侧捋带。绵绵含缩，蓄意待发，相接转化，虚实静动，循环不已（图3－319～图3－322）。

图3－319　　　　　　　　　　　图3－320

图 3 - 321

图 3 - 322

107. 挤

接上式，左脚向右脚内侧并步后，即向正前方向迈出，身体重心前移，成左弓步。同时，左臂在身前屈臂外掤，右掌以中指距右腕约 1 寸（1 寸≈3.33 厘米）许，认住左腕脉处，左小臂外滚，双臂掤圆，随身体重心前移，向外摧挤。此时要含胸拔背，内力由腿及腰，由腰至脊，由脊至双臂，节节贯穿，将力送出（图 3 - 323 ~ 图 3 - 326）。

图 3 - 323

图 3 - 324

图 3－325

图 3－326

108. 合太极

接上式，身体右转90°，重心后移至右腿，双脚随动调正，立身中正。两臂分开由两侧向上抬起，至高于头部上方，两掌心相对，此后双掌经耳侧徐徐下按。两腿站起，全身正直，头顶端正，两目平视，精神贯注，以意领式。

双掌上举时要深吸气，使精神领起，增蓄内力。双腿略下蹲时，要舒肩松腰，顶精领起，全身放松。两臂由两侧上方下落时，掌心要有向下平按之意。随动要徐徐平心静气，将气缓缓呼出。随按随呼气，身体渐渐站直，犹如双掌按住一固定物，将身体拔起一样。至身体完全站直后，左脚向右脚并拢，双手在身体两侧自然垂落而收式（图3－327～图3－336）。

图 3 - 327

图 3 - 328

图 3 - 329

图 3 - 330

图 3 - 331

图 3 - 332

图 3 - 333

图 3 - 334

图 3 - 335

图 3 - 336

　　此式是本套路的完结式，依然要伸蓄外展，以全身之内劲，渐伸渐实，渐实渐稳，气血并行，内外一致，息定气合，意识皆安，因动而静，归本还原，充分体现整个套路的完整和劲力的贯穿始终。

第四章

108 式太极拳技法解析

太极拳术在技法运用上有其独到之处，将其运用于技击实践当中，对提高拳术的水平和临阵制敌的能力，具有实际而积极的作用。下面就选其重点，解析实用的基本技法。

1. 上步挤

乙方欲以右手攻击甲方，此时甲方以右手，拿采住乙方来手之腕部，急以左肘横屈，以内劲掤住乙方之手臂，并顺其来手之肘弯，向外横卷挤，以至乙方之胸部，右手随之下按并顺势再进一步，向正前方向推按，乙方便后倾失中，向后跌出矣。

甲方左肘向外横卷挤时，要使左小臂向前外滚动；右掌下按要与左小臂形成杠杆力，身体保持中正，不可有前倾后仰的现象。

2. 挂

乙方以右手从正面向甲方进攻，甲方以左手贴住乙方来手之腕，向左略拧腰，化解乙方来力，即刻以右手手心向上，从右肘底外侧以拇指掌根处，往乙方自身左侧盘挂至其前胸，以拨其被贴住之手，使乙方之劲力先落空，其右臂被控，左手亦不能前行运动而失势，此时甲方乘势急上右步，双掌向乙方胸部连其右臂同时发力，将其按出。

双掌前按要势猛力足，有猝不及防之势。

3. 打

此处的打是指，当甲方利用圆转运化之方法，乙方为化解甲方的运化，身体发生偏转而失中时，则甲方乘其中空之际，急以双掌向前，以脊肩催力，发内劲将对方向后推挤而跌倒，称为打出。打的应用方法很多，但以在得机得势的情况下，双掌撞击对方胸部，将对方击出为其基本用法。

4. 驼

乙方以双掌同时向甲方正面进攻，则甲方以双掌自上向下，制约住乙方之两臂，使其难以进攻，亦难以变化。

当乙方受困欲退，甲可顺势上步，双手同时发力，将其推出。

若乙方受控后，仍然继续顺势进击，则甲方用脊肩之内力贴住乙方双臂，松腰坐胯，将其双臂向甲方身前引带下按，使乙方下空失中而向前扑倒。

5. 揉

乙方若以横挤肘式进攻甲方，甲方则用双手盘扶乙方肘臂，运腰脊之力，不容乙方回撤，顺其来势，急坐胯，扭身向右侧或左侧引带揉化，一臂引一臂送，以腰胯的旋转力，两臂的揉化力，使其向左或向右跌出。

6. 尾

根据乙方之来手，无论其从左或右，甲方用左贴右拦，使其难以得势。乙方若用双手从两侧来击，甲方自正面以双手，贴住对方双臂，乘势急上步变手，按其前胸，全身蓄力，将其打出。

7. 单鞭

用法一：乙方若从上方向下扑打，欲击打甲方头顶前部位，甲方急以一只手从彼肘底将其架住，立即再以另一只手，顺其肘下按其胸部，使对方倾倒。按其胸时，要顶膝坐胯，头项顶力，发腰脊之内劲。

用法二：乙方以右拳向甲方进攻，甲方以左掌顺其来势，将乙方之右拳切挂捋住，以右勾手之腕部，由下向上击打乙方下腭咽喉部位，使其下部位空虚，被甲方所乘而败北。

8. 低手下势

乙方从正面向甲方进攻，甲方以双手搭扶在对方来手之上，从上方约制其手臂，先使对方来势落空；进而以腕部贴住乙方双臂，向两侧分开其双臂；与此同时上右步，脚踏乙方左腿之后，双手自乙方腰胯部向两腿膝部运行，搂住乙方两膝弯处，随即挺腰长身将乙方掀翻跌出。

9. 提手上势

乙方以右拳击打甲方面部，甲方立即以左掌，向自身右侧引动乙方之来手，进而贴住乙方来手之腕部，反掌采住乙方之来手，右掌伸进乙方右臂窝处，捉肘向自身右斜侧提捋。捋时要急转身，以腰行力，借力外旋，使乙方向甲方右侧身后跌出。

10. 白鹤亮翅

此式中由展翅和亮翅组成。

展翅应用：乙方以右拳向甲方腹部进攻，甲方以左手向下劈击来拳，虚左步。乙方继而用左拳或掌击打甲方面部，甲方以右掌上拨开乙方之左拳，使其有前倾之意，随即以右臂正面劈击乙方之面部；或以右臂下压乙方左臂，使其倾斜，并以左掌上戳乙方咽喉部位。

亮翅应用：如乙方向自身左侧倾斜，抬右脚踢甲方左侧，甲方则乘其夺臂后撤之际，右手采拿乙方左腕莫放，再以前手由下向上撩击乙方之来腿，使其上身倾斜跌出；或以前手急击夺肘之臂的肩头。

11. 搂膝拗步

设乙方以脚蹬或踢甲方，则甲方先虚左步，以左手搂开乙方进攻之腿，进而上左步，以右拳或掌击打乙方胸部。

若乙方以右拳或掌击打甲方腹部，甲方左手搂乙方之来手，使其中空；随即再以后手随着向前上步，击打对方之前胸。打时要顶膝坐胯，脊肩摧挤内力，对方自当难以立稳。

以上所说为左式，右式应用与此相反而已。

12. 手挥琵琶

乙方以右拳向甲方正面进攻，甲方以右手采住乙方之来手，左手急从左下向右上，拍捌住乙方之肘，并向己之右侧挤按，将其约制住，使其难以逃脱；进而上推撅臂或就势向右继续推按，使乙方右肘部位横向受伤。

13. 二起掌

上式乙方被执，如夺臂回撤，甲方可乘势向前顶膝压胯，含胸拔背，双手合力伸蓄内劲，捉住乙方后撤之臂，顺势扣掌先向乙方右侧拨带，即而上步，左掌上托乙方肘部，右掌下压，双掌同时用力，向前挞按摧送，使乙方应手向后倾倒。

14. 裹肘

乙方以右拳从正面击打甲方胸部，甲方急向里裹左肘，右掌握其腕部，左掌扶其肘部，将其来手贴住，先向内引带化解其来力，使其落空；继而左脚踏实，左掌向外侧拨其肘部；进而上右步，向右拧腰，双掌同时用力向自身右侧摧力推按；并借势左掌上托其肘，右手下压其腕，使其双脚离地，被推按出去，向后跌倒。

15. 进步搬拦捶

乙方先以左拳向甲方正面进攻，甲方左步虚右步实，右手半握拳，以腕部接住乙方左腕部位，向自身右侧下压引带，使其失中。

乙方如急于撤手后退，甲方当即左手扣其肘部，向左搬挂，使其难以逃脱，且身体右臂下空出，右肋亮出；借此时机，甲方急向左旋腰，顺势成左弓步，以右拳贴己肋，向前冲击乙方之右肋或腹部，使乙方受伤而败北。

16. 如封似闭

乙方如用左手封住甲方左腕，右掌前推甲方左臂，向甲方进攻，欲将甲方推向后跌出时，甲方则含胸拔背，化解乙方来力，并立即变手，交叉採住乙方之两臂，速向两侧交叉捯出，使乙方两臂在胸前自绕，难以伸展移动。甲方乘势向前推按，其自应声而倒。

17. 十字手

乙方如用左手（或右手）从上向下击打甲方上身，甲方立即用与乙方同侧之手，从下往上将其来手扯住撑起，顺势蹲腰坐腿，以脊肩行内力；以另一只手顺其被捉住之手，贴乙方之肋下将至脚，急捉腿弯向上搬起；同时上手扯腕顺搬起之势，向斜侧捯出（捯时全身蓄力贯之于手管制住乙方之手臂），乙方自向斜侧跌出。

乙方如借机撤腿后退，甲方即反手，两臂上下相换，顺其退式上身贴严乙方之上身，反扯反搬将乙方双膝向内搂抱，使其难以逃脱，同时长身挺腰向斜侧撒放出乙方。

18. 穿掌揽雀尾

甲方上右步出左掌，击打乙方之前胸，如乙方吸胸化力欲逃脱，甲方则以穿掌揽雀尾式，自右耳后翻腕向前探掌，戳击乙方面部，以助前手击力之不足。此后乘势以揽雀尾之方法，继续攻击乙方，直至取得完全的控制权。

19. 抱虎归山

若乙方以右臂斜身抢臂，自侧面向甲方击打，甲方则向乙方背侧上步，腰腿稳力闪开乙方击来之势；同时顺势以双手采捉乙方之腕肘，以脊蓄力顺其来势捋转。

乙方如欲夺臂退步，甲方则乘其夺臂退步之时，急捉住乙方肘之手，转腕反手由上往下按，使其下空，再顺势上步膝胯坐力，以采腕之手横肘拢臂全身蓄力，向乙方前胸撞击，使其后倾。

20. 肘底看捶

乙方以左拳向甲方正面进攻，甲方上左步抬左掌，以左腕外侧贴住乙方来拳之外侧，向左略旋腰，引带乙方身体发生前倾；随即制住乙方来手与臂。

乙方欲行后撤，甲方可乘势上步，右手贴肋握拳向乙方左肋击打。

乙方如用右拳从正面击打甲方之胸部，甲方上左步，抬右拳从内接乙方右拳内侧，左掌自胸前向上穿出直击乙方胸部，乙方自顾避上身之时，甲方急以右手拳自左肘下，向前击打乙方小腹，使其上下难以兼顾而被击中。

21. 倒撵猴

乙方自正面进攻甲方，甲方含胸拔背向后撤步，以避开对方从下方侵来之势，随后撤步，左右双臂在身侧如双轮前后抢动，以双手反复互换向前探按；同时两腿互换后撤，以调和双手运行，而稳固腰身，使自身无失；同时前探按之手向下击打乙方之来手，后手则自后向前向下劈击乙方之面部。

22. 斜飞式

乙方以右拳向甲方正面进攻，甲方上左步，以左臂向上挑起乙方之来拳，向前上方送出，随即身形下沉，以右手向右迎击乙方之左手，使其左右分开，以支撑并揉化对方两侧上下来侵之力，使其难以得逞；随即视乙方劲力之变化，而变换施力方向。

如乙方向左侧抽离，甲方则上右步，以右掌反拨乙方之右膝，使其向后倾倒。如乙方向左侧抽扯左臂，甲方则左掌翻其右腿膝部内侧，使其向自身左侧倾倒。

23. 海底针

乙方以左手握住甲方之右手腕用力扣拿，甲方立即稳腰坐右胯，舒右肩探背，腰脊蓄力，急向下挺随，将乙方扣拿之手向下牵扯，使其下空失中，左掌则扶住乙方之右肩，同时向其左侧推按，使乙方向自身左侧跌出。甲方亦可以右手握住乙方之右腕，猝不及防向下引带，左手握其左肘部位，随身形猛然下沉，使乙方向甲方右侧身后前倾跌出。

24. 闪通背

乙方以右手攻击甲方，被甲方握持。乙方如欲向上提回夺其手臂，甲方可顺势提肩吊肘，右手扣握乙方之手，带起牵动其上身，使乙方胸腹部空出，并顺势顶左膝，腰肩蓄力，全身向前贴近，乘其右臂高起之际，急以左手顺其肘底推其腋窝处，成提挤之式，高吊使其上身倾斜，乙方便行脚下不稳而失中倾倒。

25. 撇身捶

乙方趁甲方不备，以其双手从对面握住甲方双肘不放，使甲方上身无法变动，甲方乘势向外掤肘以肩挺力，随即转撇翻肘，右手拳自胸前由里往上翻，以右拳击打乙方面部，随即反掌向右侧引带乙方左肘，左掌则推按乙方右肘，双掌在乙方双臂之间，捉乙方之臂向右斜侧捌出。

乙方如急于夺臂，甲方可乘其撤势，顺其力往外急捌，乙方便自行跌倒。

若乙方先进攻甲方，以左掌握住甲方左腕，右臂缠绕住甲方左肘内侧，欲将甲方搬倒，甲方则含胸拔背，沉肩坠肘，使左肘向内引带，随即上右步于乙方左腿后，并以右肘上击打乙方左面部，进而以肘挂住乙方左肘，向右拧腰旋力，使乙方向甲方右侧跌出。

26. 云手

甲方云手的应用：一方面，运用双手左右挂化，分开乙方从正面侵来之势，使其中空，以便发现乙方之破绽易于进攻；另一方面，是以云手之势，变化出其他的进攻招式，以打击乙方。如云手变肘底捶、云手变玉女穿梭、云手变挂打、云手变捌靠，等等。甲方在挂化之时，要以腰行力，使劲力贯达双手，并可随对方中空之际，顺势进身贴胸以击之，使其后倾跌出。

27. 高探马

乙方以右掌制住甲方之左臂，欲行捋化，甲方在乙方化手之际，乘其中空，以右掌沿自身左臂向乙方下腭咽喉处，以掌外沿砍击；右脚则同时踢乙方前小腿正面。

乙方如急于避身后退，甲方则急以双手互换前探，以脊肩之力达之于手指，上击打乙方之面部，下击打其胸部，使其难以兼顾；或近身紧贴住乙方，上搬头下搬腿，向甲方右斜侧方撒放出乙方。

28. 左右分脚

乙方以右拳向甲方进击，甲方上抬左臂，捉住对方来击之手，向上提捌，使其胸腹部位空出；然后乘势上步，踢腿以膝行力撞对方之小腹。

乙方如急提腿掀胯，护其小腹部位，反以胯靠打，甲方可乘势提后腿以膝行力，顶撞对方之后臀部；同时上手提捌并用将乙方打出。

29. 转身蹬脚

乙方以左拳上击打甲方胸上部位，下用右腿踢击甲方腹部，甲方以左臂黏接乙方左拳，向外滚左小臂以牵住乙方肘臂。

乙方顺左臂抬右腿踢击甲方，甲方借势以右臂外滚，化解乙方踢来之腿，进而内滚右臂抬住乙方踢出之腿，以左腿横向蹬击乙方左腿膝部内侧，使其受伤而败北。

乙方出拳后被制住，如欲夺臂逃脱，甲方可乘势将其臂高架抖起，使其身体重心失稳，身之中下部空出，甲方急速转脚行腰脊劲平蹬其胯，随左右以取便，对方焉能不倒。

30. 搂膝指裆捶

乙方右弓步，并用右拳向甲方腹部击打，甲方以左手阻住乙方来侵之手，并立即随势上左步进身，左脚踏于乙方右脚内侧，用膝部靠击乙方右膝部位，使其摇动根基，站立不稳；右拳同时自上向下，以肘行力，击打乙方小腹部位。此时须运用腰脊之力，由上向下冲击乙方耻骨部位，以入其裆，使其下坐倒地。

31. 卸步打虎

乙方以急进之手法，进击甲方之胸腹部位，甲方可以双手握拳前打以护住自身；同时右脚踢起，以阻缓乙方急进之势；再抽身撤步逐渐退后，使其进击之势落空；同时反臂转肘握拳，自身后抡起由上往下，流星赶月式地击打乙方之头部，使其来不及退避而受到击打。

32. 双风贯耳

乙方上步用双拳（或掌）正面进攻甲方胸部，甲方用双手接住乙方来手，向内引带。

乙方发生前倾，欲急于避身后退，同时又以双手，由下往上阻击甲方由上往下的击打之势,甲方可乘势上步分双掌,由两侧采捉乙方之双手。

如乙方再由上往下摔掌,以按压甲方之来手,甲方乘其往下按压之际,急速撤回双手,转臂由两侧向前圈打乙方两耳部位。双拳圈打时,要长腰舒腹,伸肩探臂以肩舒力,急击乙方面部两耳之部位,使其难以缩肩退避。

33. 披身蹬脚

乙方以双掌向甲方进攻,甲方先是以双手虚晃作势,以阻止乙方来侵之手,使其落空。

乙方受阻,抽身变式,在其换式的时候,甲方则乘势提步抬腿,踢击乙方胸部及小腹部位。

34. 转身二起脚

由前式,乙方如急于后撤,使甲方落空,则甲方立即顺势换步,拧腰转身,领拔脊骨之内力,稳固左腿,右脚提起,蹬击乙方之胸及小腹部位;同时双臂挑起,以击打乙方之上身和头部,使乙方上下难以兼顾而跌倒。

35. 将

乙方如从对面以右拳击打甲方前胸,甲方立即闪步斜身,使其来势落空,顺势以右手采住乙方手腕,左手同时捉肘速向右侧将带。将时右胯要以脊骨蓄力,双手一致动作,乙方自向右跌出矣。

36. 挤

乙方被将如夺臂急退,甲方可立即顺势左膝顶力进身,横屈左肘压住乙方右臂;同时,右臂弯曲成横肘,用肘以脊肩摧挤之力,撞击乙方前胸,使其向后倾倒。

37. 野马分鬃

（1）乙方从正面以右拳，由上向下击打甲方头部，甲方顺势上左步进身，以左手挑住乙方之右手，向上方引带，使乙方发生前倾之态，然后以头扎入乙方右腋窝下，上右步踏入其中门；同时以右掌叉入乙方裆下，向上挺腰，将乙方扛起摔出。

（2）乙方上右步，以右拳佯攻甲方，实以左拳击打甲方时，甲方立即以左臂上抬擎住乙方右小臂，右掌反手拢住乙方右腕，上左步于乙方右腿之后，再急速撤回左手，向乙方左上臂探掌，左小臂贴住乙方胸部，向左旋腰，腰脊蓄力贯于两手，左右两手一致用力，向乙方背侧捋按，乙方必向后跌出矣。

38. 玉女穿梭

玉女穿梭除单式应用外，更适用于被围时的群战法。

乙方如用右拳以上示下向甲方击来，甲方可立即微屈腿进身，上抬左臂触及乙方来手之小臂，将其来手架住，随即向上滚动左小臂，引动乙方向甲方身前运动。

乙方发生前倾，如欲后退变式，调整身形，甲方可随其退后之势，急进身顺势向乙方咽喉或面门处戳击；也可以左掌握住乙方右腕，右掌搬其左肘，向甲方左侧捋肘，向外支出使其前胸空出，再立即变手换式，以双手向其空出之胸部横按。按时要以肩摧力。

乙方如向后或左右撤逃，甲方顺势急力不放松，随其后撤之方向以横按，其自难以逃脱。

当甲方被几人围在中心时，为解脱被动之局面，甲方运用玉女穿梭，四面出击，可迅速解脱围困局面，从而给予对方各个击破。

39. 下势

如乙方从上进击甲方，且来势凶猛，甲方不得入手时，可立即缩身下蹲，急冲其下部，以牵制对方上部击来之势，使其难以进击。

乙方以上示下以右拳向甲方进攻，甲方以右掌黏贴住乙方来拳，下势蹲身，以身形向下引领，使乙方发生前倾，甲方顺势将左掌插入乙方裆内，弓左步向上起身，将乙方扛起摔出。

若乙方发觉前倾被执，欲向后回撤被牵制的手臂，甲方顺势弓左步，再进右步到乙方左脚后，向甲方右侧撒放，使乙方向自身左侧后方跌出。

40. 金鸡独立

乙方自正面向甲方以双掌进攻，甲方乘乙方来击之势，略上左步；同时急用左右手，从中将乙方来势封住，提右掌接住乙方左掌，以左掌接住乙方右掌，并向左右领劲，使其胸腹部位空出，顺势提右膝，以膝行力，撞击乙方小腹及裆部。

如乙方欲脱离接触，向后撤步，甲方则前踢右腿，袭击乙方胸腹部位。

41. 低式高探马

乙方上步以右拳向甲方进攻，甲方以左掌接领乙方右拳，虚左步向自身左侧引带，右掌则向乙方右肩处前探，左掌拨住乙方右臂，双掌同时用力向右转腰，将乙方跌出；亦可借乙方上身前倾之势，上提右膝撞击乙方胸部；此式亦可由云手化开乙方来手，以击其胸。

乙方如坐步后撤，可顺势舒肩探背坐右胯，以蓄力用右手指尖，顶撞对方心窝制之，使其自全身不得势矣。

42. 上步压掌

乙方以右拳自右侧向甲方打来，甲方急缩腰从下往上，以右手接住乙方之来手，并反扣其腕，向右拧腰，以左掌反握住乙方肘部，向甲方右侧推挤，使乙方被执跌出。

乙方被执如欲后夺其臂，甲方可立即向右侧上左步，以左手搭其肘上横臂下压，使其上身前弓，彼恐有失，定会用力后坐以便逃手，甲方乘其后坐之际，以左掌向后搬乙方右肩，并顺势以右横臂反撞其胸及肩部位，使乙方向后倾倒。

43. 十字摆莲腿

乙方上右掌欲攻击甲方，甲方略坐右步稳住身形，以右手接住对方来手，反扣其腕，向右带力，随即上左手扣其右肘，顺势上左步向右拧腰。

乙方并步后夺，反顺势往前上步，化甲方之力欲行反打，甲方立即顺其来势向右后捯，急转身乘其前上之际，摆起右腿，以膝行力，顶撞乙方之腹部，使其前倒。

乙方见被执，下蹾身欲行后撤，甲方则落右步左手扶住乙方腰部，遂向左旋腰，右手向后推其胸部，使其受伤而败北。

44. 上步搭掌

乙方从正面以探掌手法击打甲方面部，甲方含胸拔背，缩腰吸气，虚左步稳右腿收缩身形，使其来力落空；同时双掌由里贴胸往上双臂前探，左掌心向前，右掌心向上，以手搭住乙方前行之臂，急向左猛将，将时以脊肩摧力，双手动作一致，牵动乙方使其下身不稳，向甲方左侧跌出矣；亦可以前小臂搪开乙方之来掌，先向左引带，使乙方上身不稳，而发生前倾；甲方借机上左步抬右膝，击打乙方裆和小腹部位；右掌自下搬住乙方下腭，左掌上搬住乙方左耳部，身体前拥，双掌向甲方左下侧同时拧搬，使乙方跌倒。

45. 上步七星

乙方右拳向甲方击打，甲方双拳交叉，从下向上冲击乙方，在接触乙方来拳时，同时向外滚动小臂，使乙方向后倾动。

如乙方急以手搭至甲方之来手，欲行反打，甲方立即上踢右腿，踢击乙方裆部；亦可当乙方双臂振起，腹部空虚之时，甲方顺势向前扑打乙方胸部，使其难以脱化而跌出。

46. 退步跨虎

乙方以右腿向甲方踢击，甲方后撤右步虚左步，以左臂下切外挂乙方来腿，旋即弓左步向左旋腰，抬右腿踢击乙方之左腿弯处；右臂自上向下向右劈击乙方胸部，使其向后跌倒。

如若乙方先以右拳击打甲方腹部，甲方以左掌搭住对方来手，顺势掠其腕肘急行平掠，使其难以脱化。

乙方如顺势向前上步，以左掌击打甲方面部，甲方以右掌架住乙方左拳，随其动作，腰胯稳力，舒肩以蓄力，双掌同时向右加速掠转，因掠转之速，乙方便会失去重心而倾倒。

47. 转身摆莲

乙方如以左拳向甲方攻击，甲方以双掌向左侧掠化乙方来拳。

乙方随掠转之际，欲解势化力逃手，继而以右掌攻击甲方，甲方当即上左步，换步稳腰，转臂反掠向右回牵，不容其变。

如乙方猛力反夺其臂，甲方可顺势向右后转身，摆起右腿踢击乙方之面部（因其变式方向不同，可随其左或右以用之）。

48. 弯弓射虎

乙方如从正面用右拳向甲方猛击，甲方可立即闪身缩腰，身躯下蹲；同时双手贴肋以蓄力，待乙方拳势出击，甲方以右臂外侧接住乙方来拳，向外滚动使乙方击空前失，全身皆被牵动前探，甲方乘势转腰，斜身避过乙方前探之正面，急由外侧长身舒肩，成右弓步，以左拳击打乙方之右肋。此式是以横力制其直力。乙方被击，必向外跌倒矣。

乙方如欲后撤，甲方用右掌拨开乙方右拳，乘乙方后撤之时，向左旋腰成左弓步，以右拳直追击打乙方面部。

第五章

太极推手

太极推手是双人徒手运用太极拳技术，采用掤、捋、挤、按、采、挒、肘、靠、进、退、顾、盼、定的太极拳武功技术，实施贴身，相互攻击，又相互化解，在你来我往的运动中，体会太极拳术缠丝劲的运用，实现揉化刚发，用意不用力，静如处女，动如脱兔，达到四两拨千斤的效果。

太极拳术就徒手练习而言，包括两方面内容，即盘架子和推手练习。所谓盘架子，即是套路练习。这是每个习武者必须经常练习的内容，既是入门的必修课，也是终生不可放弃、提高拳术水平的功夫修炼。然而这仅仅是一个方面，所练内容都是知己功夫。也即只会盘架子，其实并没有掌握太极拳徒手练习的全部内容，究其实质而言，只不过掌握了太极拳的初级技术，作为养生有余，用于实战则不足，必须辅之以推手练习。在反复的由盘架子到推手，再由推手到盘架子的不断练习中，由推手而发现自身盘架子的缺陷之处，再由盘架子到推手的实际应用和千变万化，反复地磨炼和体会，才能把握太极拳的精髓，全面掌握太极拳术，并使技艺水平不断提高。

太极推手是太极拳术中的重要组成部分，是双人对抗性练习。在经过一定阶段的太极拳套路练习之后，双人之间运用拳术的技术技巧，破坏对方的平衡，从而将对方推出摔倒，失去抵抗能力而败北。通过太极推手练习，一方面可以提高太极拳术的功力，纠正套路练习中不正确的地方，有利于完整准确地理解太极拳术的运动特点，掌握其内在规律，更快更好地提高套路练习水平；更好地体会太极拳的实战技术技巧，从而全面提高拳术水平，并将拳术应用于实际的能力。许多太极拳运动爱好者经数年努力，在实际应用中，依然不能很好地掌握行走运化的功夫，大约与没有经过推手训练有直接的关系。另一方面，太极推手由于是双人的、带有对抗性质的练习，能克服盘架子初期的枯燥情绪，提高兴趣，并在此基础上进一步强化实战的应用技术。盘架子是个体练习，时间久了难免会产生枯燥情绪，有迷茫的感觉。比如野马分鬃，怎样打得准确，它的实际应用在哪儿？他的力点变化又在哪？等等。诸如此类的问题会不时地困扰着欲精益求精的练习者。通过太极推手练习，在你来我往的运化击发过程中，不但增加了无穷的乐趣，而且运用掤、捋、挤、按、採、挒、肘、靠为基本要素，将太极拳招式灵动地运用到推手当中，对提高太极拳的实战能力，具有极大的帮助，这是其他任何方法都不能取代的独特的太极拳训练方式。

在基本学会了太极拳以后，经过长年坚持不懈的努力，随着功力的提高，武学文化知识的丰富，道德水平的修养，身心的强壮，你会发现，整个人会变得心胸豁达，思维缜密，反应灵敏，身手矫捷，给人一种慈善祥和，空灵明澈，沉稳练达，充满活力的感觉。

一、太极推手的基本原理

太极推手虽是对抗性的练习，但绝不是彼此用拙力笨力相抗争，而是利用练就的太极拳术的"劲"，采用掤、捋、挤、按、采、挒、肘、靠的方式，以沾、黏、连、挨、随、吸、化、形、解、缩的方法，破坏对方的来力，使其落空失效，并在其自身惯力作用下，产生偏差，失去平衡而摔倒；而保持平衡的一方，运用太极拳技术技巧，沿着对方失衡跌出的方向再加力，使其产生更大的加速度，在双力合一的作用下，使失衡一方迅速跌倒。犹如一个人已经站在悬崖边，挣扎着调整平衡，欲脱离险境，此时只需一个很小的力作用于其身上，即可使其跌落悬崖。故太极拳打手歌中说："掤捋挤按须认真，引进落空任人侵，周身相随敌难进，四两化动八千斤。"基于此，太极推手撒放的基本原理，从以下方面进行介绍。

1. 以圆的滚动方式，承载直线的来力，使其沿着圆的运行方向发生惯性前冲，达到破坏对方平衡的目的

就好像一个人拿着一直棍，用力地触在石头球上；当球体在静止的情况下，双方在某一点上达到暂时的平衡。但直棍绝经不起圆球向任何方向的转动，哪怕只是一个微小的滚动，都会破坏掉木棍的施力点，从而破坏掉持棍人的平衡，使其向所施力的方向惯性跌出。通过以上的例子，可以看出，太极拳是以圆转的运动，破坏对方的平衡，使其沿着圆的切线方向撒放出去。因此，在太极推手中，特别强调掤劲不可丢，丢则失势。同时强调圆形运转，须无凹凸处，无缺陷处，要做到"触处成圆，处处成圆"（这两句话的意思，有相同处亦有不同处。前一句，强调的是承接来力时，即有外力作用于你的身上时的状态；而后一句，则强调自身练拳时，运动路线要圆润平滑，不能有硬角和死弯）。双方据此实施太极推手的攻防练习。

2. 以内圆化解掉对方的来力，使其失去着力点，进而使身体

失衡而败北

太极推手还强调内圆的应用及引进落空，意思是将对方的来力，完全被我所吸收掉。如盐入水，归于无形；又好像滑落深渊，身无所依，力无所用。引进落空强调的是落空，是对方的来力如浮萍在水而无根基，似落叶飘忽而无着落。引进也有引诱诓诈之意。以我的技巧引诱对方，使其判断失误，出现盲动，从而将制胜的主动权拱手让出。此处的关键，是要使对方因贪而失，因欺而败。要做到这一点，引进一方的内圆，须平滑圆润，深邃而富于变化。拳论中"俯之则弥深"即针对此方面而言。

3. 以缠丝劲裹缚住对方，使其在我节节贯穿、连绵不断的劲力滚动中，无从把握方向，无法施展功力而败绩

太极推手是太极拳术进入上乘的必由之路。通过两人循环往复，你来我往的过程，体会太极拳术的真谛，深厚自身功力。在个体对抗中，两个不会拳术技艺的人，只能凭借本能，用拙力笨力相抗击。其结果无外乎力大胜力小，体强胜体弱。而一个拳术门外汉，或技艺不精的人，与太极高手相抗击，前者则会在瞬间受制，失去反抗能力。在这种对抗中，高手所使用的就是长期正确锻炼形成的太极缠丝劲。这种劲，不是直来直去的劲，而是依照太极拳术的要求，周身练就的，符合人体最佳运行规律的劲。它是在身体接触过程中，在立身中正的基础上，以螺旋形的圆转曲线运动，不断地作用于对方直来直去的直线运动上，使其发生偏转变形失重失中，以致完全失去效用。在对方失衡欲调整身形的瞬间，我则向其失衡方向，再施加一外力。则对方必倒无疑矣。在这个过程中，太极拳术技击所运行的路线，不是直线，似乎路线长了，但是它的运行路线，却是最省力最自然最圆润最流畅的路线。所谓"财不入急门"，虽然走的路线看似长了，但所获收效

何止千倍万倍。这如同以滑轮起吊重物一样。一组滑轮吊起重物，比直接拉起重物要省力得多，但滑轮的绳索也要加长。道理是一样的，太极推手中，缠丝劲运用得越巧妙，所用力越少，所发挥的作用就越神奇。懂得了这种劲，结合各种招式，相互组合变化运用，实战中就会产生空灵神奇的效果，达于拳论中所说："由招熟而至懂劲，由懂劲而阶及神明"。

4. 以点的反应带动周身整体的灵动

太极拳论中强调腰为主宰，一动俱动无有不动，周身处处皆太极。太极推手是将盘架子中体会到、感觉到的，拿到具体的实战环境中去检验。正如一位哲人说："感觉到的东西，你不一定认识它。只有认识了的东西，才能更好地感觉它。"推手训练，实际就是对太极拳的再认识。在实际生活中，有的人盘架子感觉已经不错，讲起来也开合有序，阴阳互存，等等，头头是道；但一经搭手，气浮力僵，茫然不知所向，频于应付尚且不及，何谈引进落空。究其原因，皆为只求入门之术，未窥堂奥之功。而这些问题的解决，非经推手训练不可。通过推手练习，可以更深刻地理解太极拳的理论，可以自我纠正盘架子中的不足。久久练习，掌握了其中的奥妙，则反应灵敏，行动迅捷，气定神闲，运化自如，彼方来力只要触及我一点，我则以一点之变，带动周身全体之变化，在变化之中，集中优势兵力，攻击彼方最薄弱处，从而产生摧枯拉朽的力量，以迅雷不及掩耳之势，使彼方受到严重的挫折而败北。太极拳论中，"舍己从人""打即是化，化即是打"，在推手中可以获得直接的经验，而在盘架子中则不容易体会到。

5. 以沾、黏、连、挨、随、吸、化、形、解、缩的方式，感知对方的思路，制造连环陷阱，使其就范

太极推手习练日久，你似乎可以将中国古圣前贤的思辨哲学，

古现代兵书战策中的智慧，灵动地运用到推手当中，从而使拳术愈练愈精而"阶及神明"。久习推手，练拳有日，随着功力的加深，你会发现一种神奇的现象，即在接触到对方的瞬间，会立即感觉到对方力的走向，及心里或欺、或贪、或怯、或惊的状态，似乎他将所有思想和计划，和盘托出在你的面前。你于他深不可测，无所测阴阳；他于你光天化日之下，毫厘必现。试想，一个已经暴露于明面的，毫无隐晦的意图，其取胜的可能性就可想而知了。另外，随着推手经验越来越丰富，智慧也在不断地提高。如果你善于总结，你会发现推手中，蕴含着许多古代优秀的战略战术思想。比如《孙子兵法》中有：先求不可胜而待敌之可胜。讲的是自己先要保证不被敌人战胜，当敌人出现漏洞，我则抓住时机，一举予以歼灭。太极推手强调：立身平准，中正安舒，等等，均是要求首先安排好自身，求其不可胜，再求战胜对方。又如，"兵无常势，水无常形，能因敌变化而取胜者谓之神"。而在推手中，舍己从人，引进落空等，均是因敌之变化而出奇制胜的方式方法。诸如此类的例子，在推手中不胜枚举。古语云："文武之道，一张一弛，运用之妙，存乎一心。"推手习练日久，功力日深，则智有所余，技有所施。到周身无处不太极，一羽不能加，蝇虫不能落时，则不激不厉，风规自远，从而使拳术运动具有了无穷的乐趣，实践中产生神奇的效果。

二、太极推手的基本要素

太极推手的练习，是遵循太极拳理论，并在其统领下，实施的有章法的训练。它是由规矩始而入自然，于自然中显规矩的循环训练过程。在这个过程中，使拳艺水平不断升华，完成由个体的必然王国，到自由王国的转变。然而推手终归是两人之间对抗性的训练，有别于盘架子。太极拳有"盘架子是知己功夫，推手是知彼功夫"的说法，此论有一定的道理。但是知己功夫达于何种程度，才能有效地应用于实践（虽然拳术应以强身健体为主兼及其他，但在实践中如果不能有效地利用其技术，保护好自身及他人，则其练习拳术的价值，也就打上一定的折扣了），拳式的理解上有无偏差，所施招法能否发挥效用，对方施法我方能否有效地实施运化等，诸如此类的种种问题，都可以在推手训练中，得到检验和修正，进而提高自身的拳技艺术，使太极拳术达于上乘。那么推手训练中，须掌握哪些要素才能不失规矩，把握拳术提高的正确道路呢？笔者认为，有两大方面，十八种基本要素，是必须掌握的。一方面是就身形身法，步形步法，手形手法而言的，沾、黏、连、挨、随、吸、化、形、解、缩；另一方面是就撒放技艺而言的，且与身形身法等密不可分的掤、捋、挤、按、採、挒、肘、靠。

1. 沾

沾依字面解释，是浸染浸湿，引申为带着点关系，或者接触外物而受其影响。太极拳中的沾是指轻轻地以身体某一部分，小面积地接触对方（一般指以手背部位的接触）。这种接触是虚虚的，似有若无的触及，重在虚和灵。自此以后的无穷变化，招式的应用，全来源于沾。在沾的瞬间，感知对方来力的大小、方向、轻重、缓急等，权衡对方的全部信息，以备我用。沾是于一点之内，窥知对方之整体，于毫厘之间，决胜负之策略。含而不露，引而不发，待时而动，动必有由，运鸿蒙于两手之间，决胜负于闪电之际。

沾须轻灵虚空，忌僵努硬拙。

2. 黏

黏结胶合不使脱离之意。太极拳中的黏，是指双方手臂接触，在相互缠绕中，好似黏在一起；而不是抓住对方，撕皮掠肉，拉拽搂抱，等等。太极拳论中说，黏即是走，走即是黏。强调的是不脱离之意。双方一经黏住，则运用缠丝之法，贴住对方。如黏胶贴肌肤，似油漆之入木板，使其丢不开脱不掉，如影之随形，不离不弃。彼方于我，计无所施，力无所用。待我得机得势时，则出其不意，攻其不备，乘势击发，发则必中。黏是以皮肤的感觉为其先导，既要以对方的行动路线为导向，又要不露痕迹地使这个路线向有悖于彼方，而有利于我方的方向发展。因此，黏既要有顺势的一面，又要有目的地实施控制；既要有随屈就伸的招法，变被动为主动，也要有引诱诓诈的手段，制造克敌制胜的时机，并把握住时机。

黏须屈、柔、走，忌猛、挺、直。

3. 连

取滔滔不绝，连绵不断之意。太极拳要求行功走架过程，犹如行云流水，连绵起伏，做到力断气不断，气断意相连（所谓力断气不断，气断意相连，实际上是讲的尽量不发生断）。在盘架子中，式与式的转换之间，要圆润自然，不留痕迹。推手中双方在你来我往的相互制约又相互运化之中，各种招法的运用变化之间，急来则急应，缓来则缓随之际，必须式式不绝，招招不断，犹如波涛涌动，连绵起伏，永无断续。形成我为中心，彼为旁衬，蓄发在我，招之即来而不得不来，挥之即去又不得不去。在太极拳推手中，劲路的运用，招法的万千变化中，其运行的路线，需自然饱满，灵动活络，也就是拳论中强调的：无凹凸处，无缺陷处。总之，连是针对断而言的。不连即断，断则有失，失即有败之可能，故而要连。

连须从、顺、妙，忌追、迫、拙。

4. 挨

挨是挤进靠拢之意。推手虽言手，但不仅仅局限于手和臂的接触。理论上身体的任何部位，都可以发生接触，而产生或运化或击发的动作。那么，这种接触即是挨。挨也是指身体较大部位的贴住，其主旨是通过适当的方式，我方深入到敌方阵地内部，双方在身体较大面积的贴靠和黏接，占据主动的一方以挨的方式，将失势的一方撒放出去。拳论中强调的"周身处处皆太极，挨到何处何处发"即指此意。

挨须稳、密、和，忌呆、松、分。

5. 随

随是顺从之意。太极拳理论中认为，拳术的应用要借力打力，因势随形，因势利导；不以拙力相抗，不逆势而为。认为顶匾丢抗皆为病（这里所说的病，是指不符合太极拳要求的力的运用，是拳术的病，而不是锻炼者身体的疾病。事实上，如果拳术中的病不能及时去除，久而久之，不仅拳艺难以提高，对却病延年，强健体魄亦会有一定的影响）。随是主动地适应，而不是被动地为人所牵引。通过随，感知对方的意图，把握对方的脉搏思路，使其所有的预谋，在我面前无可遁逃其形，从而被我所控制，产生失误而败北。

随须严、擎、安，忌散、软、乱。

6. 吸

吸是太极拳中的一种主动状态。它是在将自身意图隐藏得极深的情况下，采取一系列的手段和方法，使对方产生盲动，不知不觉地落入圈套。吸，不是强拉硬拽的逼其就范。而是使对方沿着既定的路线，不知不觉地走入陷阱。初看似不经意，待其发觉，欲行调整身形或欲收手，已经无能为力。这就是吸要达到的效果。

吸须巧、神、深，忌乖、呆、露。

7. 化

化为改变之意。《黄帝内经》中说："物生谓之化，物极谓之变，阴阳不测谓之神，神用无方谓之圣。"太极拳中的化，是指遵循太极之理，以拳术的招法，改变对方伤害于我的力的方向，或使其落空，或使其转化成为我所用的力。巧设机关，变换方式，使对方的来力犹如盐之入水化为乌有，有如空中挥拳，空发力而无着落。化不是躲开，而是随形就势，随屈就伸，灵活转化，黏住对方，听其力的变化（此处的听是皮肤的感知，而不是真的用耳朵去听），以采取必要的方法措施，制造我顺人背的局面，从而克敌制胜。化的关键在柔，无柔则不能化。所以拳论中有至柔则至刚的阐述。

化须柔、韧、圆，忌软、散、匾。

8. 形

形是指外在的表现和势所存在的状态。太极推手虽是对抗性的技术技巧的较量，也是锱铢必较的心智斗法；一旦失势，则会一败涂地，无可收拾。所谓蝼蚁之穴，溃千里之堤。因此，推手中，于己要潜迹隐形，不暴露自身的意图；于对手则一经接触，即要知其所以然。因此，说形是一种把握。正如《孙子兵法》云："善守者，藏于九地之下；善攻者，动于九天之上""胜兵先胜而后求战，败兵先战而后求胜""凡战者，以正合，以奇胜……纷纷纭纭，斗乱而不可乱也；混混沌沌，行圆而不可败也。"通过由内到外、由表及里，见微知著的观察和感知，做到人不知我，我独知人。这就是形。

形须备、隐、稳，忌疏、显、慌。

9. 解

解是解开分散之意。尖锐的东西容易将物体破坏掉。将其钝化并破坏其入射角度，改变其运动方向，即可使这种力失去效用。这就是解。太极拳中解又不仅仅停留于以上方面，而是通过解，使其失势的同时，在其最薄弱的环节点上，给其一个加速度的力，迅速摧毁掉其微弱的平衡，使其倾倒或跌出。

解须领、圆、分，忌顶、偏、聚。

10. 缩

缩是聚拢捆束和收敛。太极推手在你来我往的运行中，利用拳术技术技巧，捆缚住对方。当其完全被捆缚住时，他已经成了一根僵直的棍，其根基一动，必倒无疑。缩还有自己收拢之意，当对方外力加之于我身上时，我则向内聚拢；当外力已经无能为力于我时，我的聚拢又产生炸力，使对方被挤而跌出。

缩须聚、拢、炸，忌积、缓、泄。

以上方面虽分别叙述，实际上是综合的整体，运用上更需灵活多变，或一二组合，或三四组合，或多项组合，使之成为有机的整体，而非单一的应用。明确了这方面的认识，则对撒放方式的理解就不难了。

太极拳术的技击技法在各种招法的应用上，其基本的要素有掤、捋、挤、按、採、挒、肘、靠。在得机得势的情况下，运用这些要素，配合技术技法，使拳术产生强大的攻击势能，作用于对方身上，使其彻底失去反抗的能力而败北。

1. 掤

甲乙双方进行推手，乙方以揉化运行之时，腰胯稳力，脊肩舒劲，双臂黏连，向前横挤；甲方以静待动，不顶不抗，腰脊坐力，劲由脊发，蓄力立掌，将乙方之来势掤住，因其动而变，随其左右以揉化之，使乙方之挤劲不得进我之身。

掤是太极拳的重要要求。掤劲展示出太极拳术外柔内刚，刚柔相济的外在表现形式。在太极拳理论中所称的要一身备五弓。即指此劲。掤是经过久练形成的，外示揉化，内含刚强，周身皆备，非僵非拙，沉稳灵动的活劲。具备了这种劲，周身上下，才能如拳论中所说，如环之无端；才可做到周身处处皆太极，挨到何处何处发。

2. 将

以双手引带对方，顺着对方来力的圆的切线方向，使其向我方两侧跌出的方式，称为将。如甲方乘乙方动变揉化之时，以力听力，将乙方黏住，若乙方用左手横力顶来，甲方即以左手随其顶力之来势，彼如急猛有力，立即腰胯坐稳，脊肩蓄力，向左揉化，使其力急难收，顺势以左手急採其左腕，右手随即立掌，压握对方肩肘，以制乙方脊肩来力，顺其劲，向左侧将其将出。

3. 挤

正面的进击，以我方内力，将对方的身形压扁，使其劲路运行线路失去圆润，出现死角，而被向后或向旁侧跌出，称为挤。挤一般是以小臂的向外滚动劲力，贴住对方身体由下向上翻卷，犹如浪峰向里卷的状态，将对方向外撒放。以大身形的旋动，将对方击倒亦属于挤的范畴。如甲方乘乙方揉化之际，腰胯稳力，脊肩蓄劲，待于得机得势之时，欲横肘黏连以挤乙方，乙方如一双手急于掤甲方来势，甲方不待其稳腰舒肩，立即前腿顶膝后腿蹬力，身腰随式前进，以摧挤腰脊之内劲，贯于肩肘，使腿身肘一致向前发挤，将乙方掤劲挤空，则乙方自行向后退步失中矣。

4. 按

以上示下的揉化，抑制住对方，使其运化失效的方法，称为按。按包括敷和盖。总之通过按，使对方沉下以后再无能力浮起。如甲方乘乙方横肘挤来之势，稳力掤住，乙方如欲急行腰胯坐力，横肘向下空随，使甲方掤力落空，甲方掤以听力，随乙方向下空随之际，腰胯坐稳，脊肩蓄力，随彼动亦动，双手一致，急行发劲，将乙方按出，莫使其缓劲脱化以变手。

5. 採

微向上引带后，迅速向下沉拽的动作，称为採。採为摘取之意。犹如摘苹果，愣往下拽一般摘不下来，如果先向上托再往下拽，则着力不多，即可将果实摘下来。採也如此，欲下先上。採的结果，往往使对方直接栽倒在我的脚下。如海底针式，即是明显的採的应用。

6. 挒

扯开之意。挒是利用太极拳的技术技巧，将彼方的整力分拆破坏掉，使其成为零断而散乱、无威胁的力。犹如将布帛扯裂开，后而顺势将其撕开一样，将彼方抖发出去。

7. 肘

用肘击打之意。太极拳的肘击，不局限于肘尖的部位，而是指小臂至肘尖的部分。用肘方法有二：一是以腰的旋力，以肘（多为小臂部位）延平圆的切线方向进行击打；二是以肘深入对方的防御纵深，进行击打。肘的击打式狠力促，应用不当极易给对方造成伤害，故在推手中应用当谨慎对待之。

8. 靠

紧贴对方实施击打的动作。靠一般是以肩的击打为多（也有背侧靠等），且是深入到对方防御的纵深实施击打。靠势猛力足，威力较大。但由于是重兵出击，安排不好自身的重心，也往往易造成自身的失误。

太极推手中还有一种称为补手的动作。补手在拳术动作中具有重要的作用。它是在自身动作有缺陷时，予以补足，以防有失的一种防御手法；且于得机得势时，加强攻势，巩固扩大成果的一种技术技巧运用方式。应用得法，会收到事半功倍的效果。因此，在太极拳推手练习中，要有意识地加强补手的训练。

另外，在太极拳论中，常常提到进退顾盼定，是指进步、退步、左顾、右盼、中定。即身体的行为状态，在空间的位置及如何安排。在盘架子中可细心体会，在实战中根据情况灵活运用，而不能拘泥于硬性的规定。

此外，推手练习虽然是对抗性的训练，但其主要功用，应是借此提高拳术修养，切不可比勇斗狠，更不可欺凌弱小。推手过程中，容易致伤的招式，浅尝辄止即可；如欲达于标准，也必须将动作放慢，以免受伤或伤及他人。特别是一些反关节的技击方式，一般来讲是禁止使用的。

三、太极推手内容和操练方法

太极推手的内容，一般包括定步推手和活步推手。定步推手中，有定步单推手和定步双推手（亦称四正推手）。活步推手中，又有大捋（亦称四隅推手）和乱踩花等。

（一）定步单推手

单推手基本有三种方法：平圆、立圆和侧半圆。

预备式：甲乙双方相距约一臂半的距离，相向而立。双脚与肩等宽，以盘架子要求站好。放松身心，气定神闲，松静自然。

两人以自然步距向前迈右步，两人右脚踏于一横向线上，相距约一人肩的宽度；以右手背相黏接，左手叉腰，沉肩坠肘，含胸拔背，气沉丹田（此为右式，也可左脚在前，以左手相接成为左式。运动起来可在动作不停的情况下，左右式互换）。

1. 平圆

甲乙各以右手手背相接。甲左旋腰，右臂向左引领乙方，边引边手臂内旋，至身体左侧时掌心向上。上动不停，拢胸缩胯，向右转腰，右臂外旋，掌心扶于乙方右腕部位，向乙方左侧推挤，乙方则引带甲方，直至甲乙双方的起始部位完成一个平圆。在一个平圆中，甲乙双方各是半圈引带和半圈推挤。左右两侧的极限位置，是半圈转换的拐点（此处所指是发生明显的变化的点，实际上在整个圆中，手臂是随着腰的活动和对方手臂的变化，在进行着不间断的缠丝劲的运动）。在一个平圆内，甲方引带乙方推挤，乙方引带甲方推挤，甲乙方各完成一次引带和推挤的动作；同时，手臂亦完成内旋180°和外旋180°的旋转转换。

左式与右式动作相同，唯左右相反而已（图5-1~图5-4）。

图5-1

图5-2

图 5 - 3

图 5 - 4

2. 立圆

甲乙双方接手进行平圆的运行以后，上动不停，即由平圆转换为立圆推手。立圆的推法与平圆类似，只是将平划圆改为在身侧，立着划圆即可（图 5 - 5 ~ 图 5 - 8）。

图 5 - 5

图 5 - 6

图5-7

图5-8

3. 侧半圆

侧半圆站法与平圆同，推法似乎是立圆的一半，只是将立圆的上半圈取消，至半圈顶点时（即当手与肩平时）即转换身形，由引带转为推挤。依次循环往复进行练习（图5-9～图5-11）。

图5-9

图5-10

图 5 - 11

要求

（1）推手练习必须依照太极盘架子的要求进行动作，如沉肩坠肘，气沉丹田，含胸拔背，虚领顶劲，等等。要在循规矩中找自由，在自由中显规矩。

（2）双脚非万不得已尽量不要随意移动，最多也只允许一只脚移动一步。否则视为败绩。这样要求，一方面是增强底桩功力，另一方面则是增加运化的难度，提高拳术应用的功力。

（3）要以理解太极拳缠丝劲运行的机理、揉化方式、皮肤的敏感度、招式的灵活转化应用为主。不要计较一招一式的得失。

（4）要体现太极拳术的自然妙理，不允许以僵力、拙力、抗力或以手撕拉扯拽。发放也只允许在对方失衡的自然状态下，使其向外跌出，不可使用蛮力。

（5）要体现友谊精神和高度的武德修养，不允许用任何方式伤及对方。

（二）定步双推手

预备式：与单推手相同。

甲乙双方相向而立，右脚向前迈一自然步。以右手背相黏接，左手心向里，扶住对方左肘部位。此时双方手臂撑起，如同抱持着婴孩儿状。以甲方为准，甲方沿顺时针方向，向自身右侧引带；当乙方右小臂微屈肘，横于胸前时，甲方双掌心向外，扶于乙方右小臂上，右掌按于乙方右腕，左掌按于乙方右肘部位。此时甲方由掤至捋而后形成按；乙方则由掤至挤再至掤。

上动不停，乙方左手离开甲方右肘部位，右臂继续掤劲，承接住甲方双手；左手由自己胸前，向右肘弯处，五指微屈插接甲方的左手。两人左手背贴住以后，甲方右掌趁势扶于乙方左肘部，并继续向右后微向下，经胸前向左运行。此时乙方按甲方左臂，并随甲方动作而动。甲方左臂引带乙方双掌，至自身左侧，右胸前高度时，右手微屈，插接乙方之右手；同时，左手扶住乙方右肘部位。此时甲方双臂顺时针，完成由掤捋挤按四种劲组成的一个圆周。乙方亦随甲方的动作，完成一个圆周的运行。

甲乙双方顺时针旋动后，再改为逆时针旋动。右脚在前练习后，再换成左脚在前，继续练习（以上动作所说是为叙述方便，实际上甲乙双方无主从之分）。在每运行的一圆周内，均含有掤捋挤按四种劲，且均可成为撒放的手法。此种推手也称为四正推手。甲乙双方在相互推挽中，体会缠丝劲的形成、走势、变化等，劲力的形成过程，增强底桩的平衡稳固能力，探知揉化来力的运行方法，提高自身的敏感力，从中体悟化即是打，打即是化的实际运用方式。经过一段时间的练习，掌握了一定的基本功以后，即可进行撒放锻炼了。定步推手一般情况下，不允许脚步移动，最低要求也只允许一只脚动（图5－12～图5－15）。

图 5 - 12

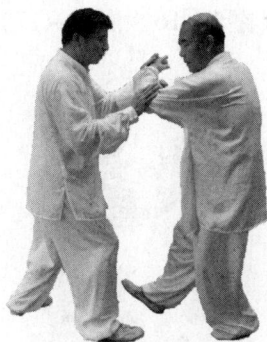

图 5 - 13

图 5 - 14

图 5 - 15

　　有关于撒放的方式方法问题，理论上可以有无数种方式方法。因为在运动中，任何一个角度的变化，都可产生一个或数个变化的效果，论述中不可能穷尽所有的方式。在此选取了几种有代表的撒放方式进行分析（此处所说撒放方式，甲乙方均可在得机得势时使用，但为叙述方便，此处以甲方撒放为主）。

　　1. 双推按

　　甲方向右引带乙方，至双掌扶住乙方右臂时，身形略下沉，双掌微踏乙方右臂，借乙方承接甲方的踏力向上抗争之际，甲方随之抖腰，双掌以掌根之力，向乙方身后方向推按，使乙方向后跌出（图5-16、图5-17）。

图5-16   图5-17

2. 双撞掌

甲乙方以右手相黏贴，甲方以身运化，以左掌向外滚动，分开乙方右掌；右掌则滚动，分开乙方左掌；继而略向自身两侧后引带，继而身形略下沉再上挺，双掌随即推按乙方胸部，将其发放出去（图5-18~图5-20）。

图5-18   图5-19

图 5 – 20

3. 将

甲方与乙方缠绕一周后，右手轻扶乙方右手腕，左手扶执乙方右肘部位，向自身右后侧将带，至身体右侧乙方失中的情况下，左掌借腰的右旋力，向自己右外侧带动，使乙方向甲方右侧倾倒（此式讲的是右侧的将带方法，左侧将带方法与右侧同，唯方向相反而已）（图 5 – 21 ~ 图 5 – 24）。

图 5 – 21

图 5 – 22

图 5 – 23

图 5 – 24

4. 挤

乙方被甲方捋时，如调整身形抽身回撤，甲方则乘势左手以小臂贴住乙方右臂，向外滚挤；左掌认住右脉，双掌合力向外滚动，将乙方挤出圈外（图5 – 25）。

图 5 – 25

5. 挂

甲方与乙方接触后，先向右侧引带乙方，继而调整身形向左旋腰，左掌擎握乙方右腕，右掌插入乙方右大臂处，而后身形下沉，以右手为主，左手为辅，双臂同时由上向下，再向右后侧，迅速引带，使乙方猝不及防，向甲方右后侧跌出。此式也可以同样方式挂动乙方左臂，向甲方左侧撒放（图5－26～图5－29）。

图5－26

图5－27

图5－28

图5－29

6. 梳头照镜

甲乙双方互相推挽，乙方向上推甲方左臂，甲方承接住乙方双掌的前推力，身形略下沉，小臂过头向脑后引领；同时，先向左旋腰，借此右手挂住乙方左大臂根部，同时左掌扶持住乙方左腕，将乙方左臂绕至身前，右旋腰，双臂同时用力，将乙方向甲方左侧撒放出去（图5－30～图5－33）。

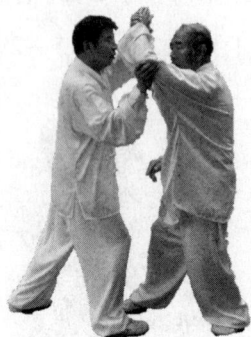

图 5 – 30

图 5 – 31

图 5 – 32

图 5 – 33

7. 肘击

甲方左臂缠绕到乙方右臂之上时，以左掌大拇指根部，挂住乙方右肘弯处，微向自己身前引带；边引带边向左旋腰，至小臂几乎贴住乙方右大臂时，迅捷向右侧发力，以小臂撞击乙方右大臂。此时，乙方已经被引带而失去平衡，在欲调整身形时被击，即沿着调整身形的延长线，向自身左侧跌出（图 5 – 34、图 5 – 35）。

图 5 – 34　　　　　　　　　　　图 5 – 35

8. 撅臂

　　甲乙双方进行推挽，待甲方双手扶持住乙方右臂时，身形略下沉，向右略转体；同时，右手下压乙方右腕，并内旋握持住，左掌向上推乙方右肘，挺身向上，顺时针拧转乙方右臂，使其扑身跌倒（图 5 – 36、图 5 – 37）。

图 5 – 36　　　　　　　　　　　图 5 – 37

9. 吸化

　　甲乙双方互相推挽，甲方向前挤按乙方，继而以双手扶持乙方之双臂肘弯处，借乙方前倾之势，向自己身前引领，边领边向左或右侧翻转，使乙方失势跌出（图5-38~图5-41）。

图5-38

图5-39

图5-40

图5-41

10. 掩肘

掩肘在太极拳术中，是一种非常实用的技术动作，借此可以衍生出许多很实用的技巧。掩肘，是以肘部在胸前划圆的动作命名，有将肘部掩护起来的意思。

乙方掤甲方左臂，甲方在乙方向内翻转甲左臂时，顺势将左肘向自己胸前掩别，继而向左旋腰，与此同时将右手插入乙方右肩上，向右旋腰，左掌搬乙方右膝部，右掌向自身右下侧捋动，双掌借腰力形成合力，将乙方向甲方右后侧跌放出去（图5－42～图5－44）。

图5－42

图5－43

图5－44

　　太极拳推手中有诸多的应用技术技巧，理论上可达于无穷。以上十种仅仅是举要而已。这些练习，纯熟以后，自由组合，加之其他招式的应用，可将拳术水平不断地推向新的高度。另外，以上所说，均指的右式的练习。在实际训练中，应左右式皆练，而不偏重于一侧。同时在推手中，在见招拆招的过程中，要善于总结经验，不断学习探索新的方式。随着经验的丰富，技术技巧的精熟，更多的技术技巧的变化应用，会不断地翻新，出现在自己的拳术运用中。习练者需仔细揣摩，细心体会。

（三）活步推手

活步推手是太极推手的重要组成部分，也是提高太极拳技术技艺的必由之路，因此，推手不应局限于定步，而应在定步的基础上，向更高的层次迈进。下面就活步推手练习的几种基本方法，逐一介绍。

1. 进四退三

甲乙双方进行推手，左脚在前，先定步缠绕，左转三圈再右转三圈。而后，甲方顺时针旋转到九点钟位置时，向前拥挤乙方，随即右膝提起，右脚由乙方左腿外侧，经乙方左膝盖部位向其中路落步。进而连进四步，乙方则后退三步。此时甲方左脚在前为虚步。继而，甲方逆时针缠绕，乙方迈右腿，与甲方前面动作相同，前进四步，甲方则退三步。右步先进，而后换为左步进。在换步时，进步一方多向前进一步；退后一方，多退一步即可。另提步绕膝一方，上左步时，双臂是顺时针缠绕；提右步绕膝时，双臂是逆时针缠绕（图5－45）。

图 5－45

2. 活步盘旋

甲乙双方先以定步推挽。甲方顺时针缠绕至乙方右侧时，右手握持住乙方右腕，左臂沿乙方右臂外侧向内缠绕，裹住乙方右臂；同时，向乙方右腿后上左步，继而右旋腰，右腿齐膝高度堵阻乙方。乙方被甲方挒挤处于不得势之位，故以右臂牵制住甲方，左掌则由上向下挡击甲方右腿的阻击，向前弧形上步；并以上步牵引带动甲方，至得机得势时，乙方以与甲方相同的动作，缠绕甲方。

右侧熟练后改为左侧，以后则不拘左右侧，循环反复地练习（图5－46～图5－48）。

图 5－46

图 5－47

157

图 5－48

3. 大捋

大捋分为定步大捋和活步大捋。

（1）定步大捋

甲乙双方进行推手至甲方左侧时，甲方右手握持住乙方右腕，左手半握拳以小臂贴住乙方右大臂，随即右脚大步幅后撤成左弓步，随撤步随向自身右侧捋挤乙方右臂。乙方随甲方的捋挤，上右步于甲方左腿内侧成右弓步。此时甲方与乙方两腿相贴，甲方有内压之意，乙方则有外撑之意，双方处于平衡状态。乙方左掌补手于自己右肩窝部位。继而双方以大的身形，按四正推手之方法进行推挽。双方推挽三圈以后，甲方撤左腿，成右弓步；乙方上左脚，成左弓步，继续推挽。如此甲方退三次后，改为乙方退三次（图5－49）。

图 5－49

（2）活步大捋

甲方撤右步捋乙方右臂，乙方则顺势拧腰旋臂，下潜身形跨右脚，自甲方身前向其右侧前上步；随即以右手握持甲方的右腕，顺时针向后转体360°，身体站直，双脚并步。随乙方并步，甲方起身，左脚向右脚亦并步。此后乙方撤右步，捋甲方右大臂；甲方同乙方动作，向甲方右侧潜身上步。此时，双方均是顺时针旋转大将。在互相将过几个回合以后，则改为将左臂，逆时针旋转大将，直至回到原起始位置（图5－50～图5－56）。

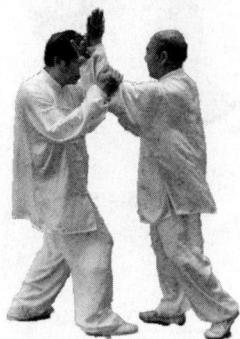

图5－50

图5－51

图5－52

图5－53

图 5 - 54

图 5 - 55

图 5 - 56

4. 挽花

甲乙双方以两小臂相黏贴。双方步伐相同，甲撤则乙进，乙撤则甲进，不拘方向，自由迈步，按以下动作互相缠绕。

（1）双臂以先后顺序，贴住对方之小臂，向内滚缠，继而向外滚缠。

（2）双臂同时向内滚缠和同时向外滚缠。

（3）双臂同时顺时针滚缠后，再逆时针滚缠。

（4）单臂相接，双方贴住。甲方顺时针大摇臂，乙方相随；边摇边两人按顺时针走圆圈。之后改为左臂相贴，甲方逆时针摇臂，乙方相随。此后，乙方摇动手臂，甲方相随（图5－57、图5－58）。

图5－57

图5－58

5. 小鬼推磨

甲乙双方，以正常活步推手方式搭手。然后甲以右臂承接乙方双手，以内力掤住劲，引带乙方逆时针方向走大圈，约到半圈的位置，甲方提右膝，以左脚掌捻地，向右后转体；左手以中指勾挂乙方右肘弯部位后，双手推按乙方右臂。乙方擎住甲方的来力，抢先上步，由被领位置成为引领位置，继续沿圆圈引带甲方，至起始位置。完成一圈。在逆时针走几圈后，甲乙双方改为顺时针走圆（图5－59～图5－61）。

图 5 – 59

图 5 – 60

图 5 – 61

6. 背折靠

甲方缠绕住乙方左臂，实施撅臂动作，乙方则顺势将左臂贴近自己后背，向右后转体，欲以右肩背靠击甲方。甲方失势，为防被乙方击出，则顺乙方转体之际上步向左转体。两人背贴背各自转体至相向时，以右腕相搭手，进行下一循环的练习。右侧甲乙方各运行一次后，调整身形进行左侧的练习（图 5 – 62 ~ 图 5 – 64）。

图 5 – 62

图 5 – 63

图 5 – 64

7. 撅臂靠

甲乙双方以活步推手，双臂外挽花方式动作。当甲方左臂上撩起乙方右臂时，潜身形上右步，在乙方右臂下穿过，随之以左手握持住乙方的右腕，向左后转体；右手同时辅助左手握持乙方右腕，顺时针拧转乙方右臂。乙方被拧臂不得势，则右臂主动弯曲贴住自己后背，向右转体；同时，上提右膝至身前，以背靠紧甲方，反使甲方的拧臂动作失势。继而乙方右脚，向甲方右侧落步。双方在运行中调整身形，继续进行挽花，由乙方穿行甲方。此后再进行左撅臂靠的练习（图 5 – 65 ~ 图 5 – 67）。

图 5 – 65

图 5 – 66

图 5 – 67

8. 霸王扛鼎

甲方在得机得势之时，握持住乙方右臂，以撅臂动作向上掀乙方右臂。乙方则顺势向前哈腰撤左步，向左旋体；同时，将头钻入甲方右腋下，将甲方双臂扛于乙方右肩处，挺腰向上，将甲方扛起，向前上两至三步（由于是练习，故此式至此，即可中止，不再进行更深层次的撒放）。此后，由甲方依上述动作，扛击乙方（图 5 – 68、图 5 – 69）。

图 5 – 68

图 5 – 69

上述活步推手可以选一式练习，亦可选多式自由组合，进行综合练习，总之不拘泥于一种方式。同时，在推手中可结合太极拳架中的招式，进行更高层次的演练。有了以上的基础，有关更高层次的修炼，读者可根据自己的实际情况，进行更深入的研究。艺无止境，有志于太极拳术者，只要认真学习，勤于实践，善于总结，丰富经验，则登堂入室不难矣。

（四）活步推手套路名称

1. 活步推手一路——五龙搅海

（1）紫薇转影　　　　（2）摘星换斗

（3）五运六气　　　　（4）四隅大捋

（5）犀牛望月　　　　（6）怪蟒翻身

（7）偷天换日　　　　（8）翻江倒海

2. 活步推手二路——带雨埋山

（1）乌龙摆尾　　　　（2）摘星换斗

（3）拨云见日　　　　（4）雨燕寻巢

（5）小鬼推磨　　　　（6）将军解甲

（7）霸王扛鼎　　　　（8）黄龙翻身

（9）鹞子穿林

附　录

练好太极拳的几点体悟

太极拳强调体用兼备，内外兼修。她既是强身健体、却病延年的手段，也是抵御外辱、除暴安良、防身自卫的技艺。在她身上，蕴含着丰富的武学文化内容和古圣先贤的智慧结晶，以及优秀的民族传统的道德修养。练好太极拳，不仅形体上舒展大方，柔美协调，而且内力充盈，身心俱健；应敌对手中，强于转化，以小搏大，以弱胜强。在生活实践中，融汇太极拳的理论于工作学习中，亦多有裨益。练好太极拳，除要加强盘架子和推手练习以外，还应该加强以下方面的修炼，以便更好地把握太极拳的真谛，使技艺愈练愈精，而达于阶及神明之境界。

1. 明理

太极拳术柔美舒畅，安逸中和的外在表现，犹如长江大河，波涛不绝。其行云流水，连绵不断的运行方式，在中华武林独树一帜，形成特有的风格。而具体到每个个体而言，练好太极拳，不仅要在盘架子、推手等方面努力修炼，而且对太极拳的理念要有正确的理解和认识。

何为太极？孔子云：其大无外，其小无内，是为太极。中国古代哲人解释太极，是由阴阳两方面相互依存、相互转化、相互制衡而存在，并以运动中阴阳消长的变化，阐释世间万事万物，产生联系、出现问题、最终达于平衡的内在关系。在其学说思想的统领下，对具形的事物，以金木水火土五行相对应，并以相生相克的关系，解释其发生发展，生存消亡的具象。例如，在对应关系上。

五行	人体五脏	音律	颜色	方位	五行通臂拳
金 ——	心 ——	徵 ——	赤 ——	南 ——	辟
木 ——	肝 ——	角 ——	青 ——	东 ——	拍
水 ——	脾 ——	宫 ——	黄 ——	中 ——	钻
火 ——	肺 ——	商 ——	白 ——	西 ——	摔
土 ——	肾 ——	羽 ——	黑 ——	北 ——	穿

五行当中，它们之间的关系又以相生相克而存在。

太极拳术运用阴阳五行的理念，于养生方面，是人体五脏（心、肝、脾、肺、肾）六腑（胃、胆、三焦、大肠、小肠、膀胱）稳固先天本源，得以后天滋养，达于强身健体，防病祛病，延年益寿之目的；运用于技击方面，我则以逸待劳，立身中正，四两拨千斤，无待敌之不来，而待敌之必败也。

太极拳以太极图推演拳术运行的特点。在太极图中，外圆和中部的"S"形曲线，表示了阴阳消长、变化和运动机理。而其中黑白两眼，表示阴阳相互包容，互为依托。而于阴阳中，又可分阴阳，阐明了阴阳的无限可分性。太极拳术的运行路线，遵循太极图推演的路径而运动。阳极阴生，阴极阳生。互为依托，相互转化，生生不息，运行不止。而这种生生不息的运行，又是渐进的、多元的。阳中还有阳，阴中还有阴。犹如庄子所说："一尺之棰，日取其半，万世不竭。"也如老子所言："负阴而抱阳，中气以为和。即知阴阳可知气。气有阴阳，屈伸相感之无穷，故神之应也无穷。"（《正蒙·乾称》）正确的认识和理解气、阴阳、五行的关系，对练好太极拳术具有重要的作用。太极拳行气如九曲珠，运劲如抽丝，圆转缠绕，环环相扣，行云流水，都是在太极理念的统领之下，实施操作，从而做到动静、虚实、开合、收放，内外兼修，刚柔相济。正如《易·系辞》中说的："阴阳合德，而刚柔有体。"依此进行锻炼身心，周身气血顺畅无滞，五脏六腑各安其命，各司其职，无过无不及，内固根本，外强筋骨，精气充盈，身体康健，养生自在其中矣。

太极拳劲力方面，要求一身备五弓，运劲如抽丝，力须达四梢（发为血之梢，舌为肉之梢，甲为筋之梢，齿为骨之梢），强调气的调理。指出血为气之海，肉为气之囊，气生于骨连于筋，气与四梢密不可分，运行于周身，滋养五脏六腑、四肢百骸。经过由外及内、由内及外的反复练习，内则心与意合，气与力合，筋与骨合；外则手与足合，肘与膝合，肩与胯合，以达劲力的刚柔相济，至刚至柔。在临阵对敌中，立身中正，内固精神，外示安逸，处处成圆，触处成圆。挨到何处何处发，运化自如，做到时时处处，我顺人背，而立于不败之地也。

2. 心静

心静是练太极拳的重要要求。在太极拳盘架子练习中，以轻柔舒缓，优雅安逸，圆转柔韧，刚柔相济，流畅无垠的运动方式，展示了其特有的韵律美。一趟太极盘架子，犹如行云流水，连绵不断；好似碧波荡舟，优哉游哉；又似逐渐展开的画卷，美不胜收。每每完成一趟拳架的练习，体泰安舒，心旷神怡，有飘飘然之感，好似心灵受到一次洗礼。而在推手中，随屈就伸，不丢不顶，中正安舒，顺势而为，运化自如，空灵无滞，潜则深不可测，令敌无能测其阴阳，茫然不知所向；发则雷霆万钧，摧枯拉朽使敌瞬间倾倒。所谓"不激不厉，风规自远"。以上这些都源于心静。

太极拳的心静，与其说是要求，莫如说是一种境界。这种境界，是与拳术的水平相关联，相统一的。心不静杂念丛生，则拳式动作，必受到影响，失去太极之意。所谓内有疾，必显形于外。欲提高拳艺水平也难矣。《四十二章经》中说："人怀爱欲不见道者，譬如浊水以五彩投其中，致力搅之，众人共临水上，无能睹其影者。爱欲交错，心中浊故不见道。若人渐解忏悔，来近知识，水澄秽除，清净无垢，即自见形。"太极拳的心静，于此说有相通之处。

做到心静，盘架子时，要放松身心，摈除杂念，专心致志地投入拳术运动中。此时，关键要排除外部人为的干扰，心中除拳以外，别无他念。起初，可在比较安静的环境下练习，有了一定的功力以后，可以选有些干扰的环境练习，以至于在任何环境，都能不受干扰地专心习拳。

推手中，心静强调的是动态的心理活动，所追求的是"蝉噪林逾静，鸟鸣山更幽"似的境界。因为推手是接近实战的训练，双方在互相推挽中，瞬间可分胜负（双方技术相近的情况下，有可能多个回合难分伯仲，这也是常有的现象）。在这个过程中，双方由接触而感知对方来力的大小、方向、轻重、缓急等，能做到拳论中所说的"一羽不能加，蝇虫不能落"，在锱铢必较的纷争中，探知虚实，发现缺陷，把握时机，后发先至。这种瞬息万变的情况，以盘架子的心静状况，显然不能适应这种境况的要求。这时的心静，实际上强调的是"容"与"斥"的关系。因容而能化；因容而能变；因容使人不知我，而我独知人；因容而遇强敌不惧，逐渐培养出，虽泰山崩于前，面不改色心不跳的大将风度。

斥则不利于己，因斥则必逆，逆则必僵，僵则必转换失灵，转换失灵则必受制于人，受制于人不败而何。

真正做到了心静，无论是盘架子还是推手，抑或临阵对敌，可以做到心定神闲，运化空灵，击发迅猛，"阴阳不测，神用无方"。因此，在太极推手中，不允许以力抗力，撕拉扯拽、搂抱顶摔等僵拙笨憨式的争强斗狠。如此推手，不仅太极拳功夫得不到提高，就是在盘架子中体味到的心静，也会因此而消耗殆尽。有志于太极拳术者，不可不察也。

3. 求真

太极拳以其独有的风格，老少咸宜、体用兼备的特性，为众多人士所喜爱，习练人数之众，传播范围之广，为其他拳派所不及。然查习拳者中，形似者众，知神髓者寡。往往见习拳多年者，于盘架子上有一定造诣，拳理上似乎也头头是道，鞭辟入里地说出一些分析；但一经临阵，心促气短，身体僵拙，思竭手蒙，硬挺迟滞之态，又复归身上，所习之术一无所用。似此习太极拳，几乎等同于体操锻炼，于强身保健尚可，但作为一门武术，就有失之偏颇、舍本求末之嫌了。

太极拳术与中华武林界的不同形式、不同种类的拳术一样，所提倡的理念是：抵御外辱，防身自卫，强身健体，匡扶正义。只会盘架子，显然不能承担起这种理念所赋予的责任。事实上练习太极拳，如果没有经过推手的深入研究和探索，只通过盘架子达到功力深厚，那么这种所谓的功力是值得商榷和怀疑的（当然，会了盘架子和推手，就全然掌握了太极拳的真谛了吗？也不尽然。太极拳艺与其他艺术一样，追求是永无止境的。只有阶段的高点，没有穷尽的高峰。作为个体来说，终生不能尽其妙，是情理中的事）。出现以上问题，无外乎几方面原因：一曰，浅尝辄止，不入堂奥。涉及太极拳或追潮流，或猎新奇，或人云亦云。只求知道，不求深造，属不入其门，罔窥堂奥者也；二曰，心躁志薄，意气慵懒，往往一曝十寒，断断续续，虽言习拳多年，总计练功时间却为有限，空有其习拳之名，而无习拳之实者；三曰，自修不明，未曾觉悟，形成谬误，欲深造而无方，向规矩而犹远；四曰，受误导入歧途，欲求真而不可得。孟子言：人之患在好为人师。一些人，自视甚高，刚学了一些所谓套路，以为已经掌握了太极拳术，迫不及待地四处招收学员，到处讲学，而查其教案，多外形之摆架，少内外一理的贯通。犹如叶公好龙，自误亦误人。以上种种，虽不至伤人害己，然一经沾上，数载努力，终为竹篮打水，岂不惜哉。

练好太极拳，须有明白的老师。他可以不是名家，但必须是理通道明的指导者。如韩愈《师说》中所提倡的可以"传道，授业，解惑也"。除此，即是后天自己的努力了。盘架子要能明白每招每势的基本攻防含义，仔细研修式与式之间起承转合的关系，拳术的韵律节奏，气息的掌控，虚实开合的把握，等等。要认真地揣摩，使拳术与自身的自然条件产生共鸣。此时必须守规矩合法度，身不妄动，动必有由。例如，左搂膝拗步的动作，左掌往前推，右掌置于右膝外侧；当式子基本定式，并换入下一式之前时，双掌心（劳宫穴）须有外凸的动作，然后恢复原状引起下一式的动作。又如揽雀尾，捋后的挤，右手中指需在距左脉 2 寸许的位置，配合左小臂，随挤随徐徐向外滚动到位后（指至极致而不失中），才随式运行转入下一式。其运行的路线需自然饱满，圆润流畅，无缺陷处，无断续处。诸如此类的动作，必须细心地在盘架子练习中做到、悟到、体会到。同时，要进行推手的严格训练。盘架子和推手，可以同时交错进行，也可在盘架子有一段时间后，再进行推手练习。通过推手，感知自身动作的缺陷，明确各招式的基本应用方法，从而在盘架子中，姿势准确优雅，富韵律，有内涵。在实际应用上，做到从心所欲，使拳术愈练愈精，达到由招熟渐近懂劲，由懂劲而阶及神明。故学习太极拳，如仅仅是盘架子，于健体不无补益；然欲求拳术真谛，则不可得矣。

4. 自然

老子《道德经》中说："域中有四大，而人居其一焉。人法地，地法天，天法道，道法自然。"《通玄真经》唐代默希子题注称"自然，盖道之绝称。不知而然，亦非不然，万物皆然，不得不然，然而自然，非有能然，无所因寄，故曰自然也。"清代《乐育堂语录》中称："炼丹之道，先要踏踏实实，从守中做起，然后引得本来色相出来。苟不踏实，何以凌空？故三丰云：凝神调息于丹田之中，盖心止于脐下曰凝神，息归于元海曰调息，守其清净自然曰勿忘，顺其清净自然曰勿助。如此久久，心神畅遂，气息悠扬，不假一毫人力作为，自然神无生灭，息无出入，俱是安闲自在。"可见自然是行动体的自我协调，随遇赋形，随缘幻化，因其势而然其然，如同河道之水，有蜿蜒有曲折，有奔腾咆哮，一泻千里之态；亦有碧波荡漾，微泛涟漪之姿。沿河道顺势而下，是自然的，是美的；如河水泛滥，则是不自然，是不美的。

太极拳就要追求人体的自然态势。在轻柔舒缓，连绵不绝的招式递进中，使自我身心得到锻炼，就是旁观者也觉得心情舒畅，体态安逸。在推手中不僵不滞，不丢不顶；不偏不倚，变化莫测；人不知我，我独知人；查动静于毫厘之末，称轻重于锱铢之间；静如山岳而难撼，动则雷霆万钧而摧枯拉朽。

太极拳的自然境界，是长期坚持不懈，持之以恒的努力而来的，不可能一蹴而就。而且练拳，也不可放松文化的学习和道德的修养。深厚的文化底蕴和高尚的道德情操，对拳术的滋养，是其他物质所不可取代的。如果仅以拳论拳，会落入古圣前贤所摈弃的"俗"，跌进一介武夫的窠臼。此乃习太极拳艺者，不可不知，不可不查之事也。

后　记

　　《张策传杨班侯太极拳108式》是张喆先生于1958年5月20日完成的书稿。当时老先生在天津地区各大院校和其他业余团体等处教授太极拳，为教学需要，编撰了这部教学大纲式的文稿，抄写在一本劳模手册上。张喆先生于1959年5月8日逝世。此书稿由其亲传弟子邓鸿藻先生继承。邓先生作为五行通臂拳的第四代掌门，责无旁贷地担负起传播五行通臂拳和太极拳的责任，培养了众多的武术人才，可谓桃李满天下。1987年9月1日，邓先生在毫无征兆的情况下，突然仙逝。此后书稿即保留在邓先生之子邓金明、邓金生两兄弟处。

　　这册书稿，是张喆先生晚年之作，从原稿中看，它主要针对的是熟悉太极拳的读者所写，其中个别部分，稍显简略；而且遗憾的是，本书稿只有文字，没有任何图像资料。20世纪80年代，邓鸿藻先生即有愿望，将该部文稿配齐图像，整理成一部完整的书稿。但因当年邓先生筹备组建天津南开武术馆，任副馆长兼任总教练，又在国内各处教学、出国讲学等，社会公益活动占用了邓先生的许多时间。加之计划先将五行通臂拳资料整理出来等种种原因，此书稿最终没成形出版。

　　近年来，随着改革开放的深入，国家繁荣昌盛，人民安居乐业，生活水平普遍提高，人们对健康的追求越来越强烈，尤其对中华民族古老的传统武术，特别是对太极拳的喜爱程度，超过以往任何时期。我感觉张喆先生撰写的这部书稿，虽然过去了近六十年，但老一代武术家、赤胆忠心报效国家、愿以自己平生之技艺为强国强种、为人民健康服务的精神，跃然纸上。而且，书稿中对太极拳由理念建立到习练方法，由强身健体的方式，到实战应用的技术技巧，从一个新的角度，做了较详细、系统、全面的介绍，不失为一本具有可读性、可操作性的佳作。

我自 20 世纪 80 年代初，开始跟随邓鸿藻先生学习这趟太极拳，三十余年间，未曾一日间断，受益匪浅。为将本套拳术继承下来，更好地为人民健康服务，为国家建设服务，征得邓金明、邓金生二人的同意，将张喆先生的书稿进行整理，配上本人的影像资料，完成了全册书的加工工作，以此敬献给广大太极拳爱好者。如对大众健康有所补益，对发展太极拳艺有所促进，则不胜荣幸之至。

本书整理过程中，纪卫东同志做了全部摄像录影的工作；蒋锐、李慧谟、王学亮、侯全友、李凤秋等同志，帮助我做了很多的工作；南开文化局的领导及冉然、张伟仪等同志，给予了多方面的支持，牛虹珠对本书稿做了初步校对和审定工作，在此对这些同志表示最诚挚的感谢。

韩宝顺

图书在版编目（CIP）数据

张策传杨班侯太极拳 108 式/张喆著；韩宝顺整理. —北京：北京科学技术
出版社，2016.5

（百家功夫丛书）

ISBN 978 - 7 - 5304 - 8141 - 7

Ⅰ. ①张…　Ⅱ. ①张…②韩…　Ⅲ. ①太极拳 - 基本知识　Ⅳ. ①G852.11

中国版本图书馆 CIP 数据核字（2015）第 309124 号

张策传杨班侯太极拳 108 式（附光盘）

作　　者：张　喆
整　　理：韩宝顺
策　　划：王跃平
责任编辑：刘瑞敏
责任校对：贾　荣
责任印制：张　良
封面设计：异一设计
版式设计：名宸书韵
出 版 人：曾庆宇
出版发行：北京科学技术出版社有限公司
社　　址：北京西直门南大街 16 号
邮政编码：100035
电话传真：0086 - 10 - 66135495（总编室）
　　　　　0086 - 10 - 66113227（发行部）　0086 - 10 - 66161952（发行部传真）
电子信箱：bjkj@ bjkjpress. com
网　　址：www. bkydw. cn
经　　销：新华书店
印　　刷：保定市中画美凯印刷有限公司
开　　本：710mm×1000mm　1/16
字　　数：140 千
印　　张：12
插　　页：8
版　　次：2016 年 5 月第 1 版
印　　次：2016 年 5 月第 1 次印刷
ISBN 978 - 7 - 5304 - 8141 - 7/G · 2380

定　　价：48.00 元（附光盘）

武学名家典籍丛书

孙禄堂武学集注

（形意拳学　八卦拳学　太极拳学　八卦剑学　拳意述真）

孙禄堂　著　孙婉容　校注　　　　　　　　定价：288 元

○ 接近传奇，从读懂原著开始

○ 孙禄堂的武功究竟有多高——"虎头少保""天下第一手"

○ 孙禄堂之嫡孙女——孙婉容权威诠释

○ 解密"练精化气，练气化神，练神还虚"的内家拳法

○ 孙禄堂亲配全套珍贵拳照，逐式详解孙氏武学

杨澄甫武学辑注

（太极拳使用法　太极拳体用全书）

杨澄甫　著　邵奇青　校注

○ 大器晚成的太极宗师

○ "随手发人于丈外"的技击大师

○ 内含：老谱三十二目、单人用功法、散手对敌图等杨家秘传拳谱

○ 披露杨家的实战轶闻，揭秘杨澄甫为何要销毁《太极拳使用法》

○ 杨澄甫亲配全套珍贵拳照，详解正宗杨式太极拳

陈微明武学辑注

（太极拳术　太极剑　太极答问）

陈微明　著　二水居士　校注

○ 书香累世的陈微明，何以由"名儒"变身"武痴"？

○ 创立致柔拳社，继杨澄甫之后的杨式太极中兴人物

○ 得杨澄甫亲传，以师徒问答实录，重现太极拳授受过程

○ 阐明"抟气致柔、动静交修"之拳理

○ 载其师杨澄甫早期拳照，为研究杨家太极拳的重要史料

（第一辑）

李存义武学辑注

（五行连环拳谱合璧　三十六剑谱　岳氏意拳五行精义）

李存义　著　　阎伯群　李洪钟　校注

形意武术教科书

张占魁　著　　吴占良　校注

薛颠武学辑注

（形意拳术讲义　象形拳法真诠　灵空禅师点穴秘诀　五行拳）

薛　颠　著　　王银辉　校注

（第二辑）

陈氏太极拳图说（详注版）

陈　鑫　著　　陈东山　陈晓龙　杜鸿修　校注

太极拳释义

董英杰　著　　杨志英　校注

太极拳势图解

许禹生　著　　唐才良　校注

（第三辑）

形意拳术

李剑秋　著　　王银辉　校注

形意拳术抉微

刘殿琛　著　　王银辉　校注

阎道生武学辑注

阎道生　著　　阎伯群　校注

（第四辑）

太极拳谱内外功研几录

施调梅　著

科学的内功拳

章乃器　著

内家拳法精义

倪清和　著

（第五辑）

○结合易学、黄帝内经、诸子经典、宋明理学详细注解
○阐释太极拳理论由初创到繁荣、再至巅峰的发展过程
○对太极拳源流、内涵、功法重做界定与分野
○揭示了隐匿于武学深处的理论依据

王宗岳太极拳论

李亦畬　著　　二水居士　校注　　　　　　　定价：50元

"老三本"太极拳谱是太极拳历史上的里程碑，它开启了近代太极拳开枝散叶的发展过程，堪称太极拳"元"理论。本版以"老三本"中流传最广、影响最大的李亦畬手抄、郝和珍藏本为基础，参合央视《寻宝》节目中的民间国宝"启轩藏本"及坊间流传的相关内容，为老三本做一次精彩的亮相。

太极功源流支派论

宋书铭　著　　二水居士　校注　　　　　　　定价：68元

宋书铭所传拳谱，据传为其祖先宋远桥所手记。民国初年始宣于世，各家多有抄存留世。本版选用吴图南藏的"清初本"。此谱直接与《王宗岳太极拳论》《太极法说》相互关联，可以作为深入探寻太极拳理论的比较研究文本。

太极法说

二水居士　校注　　　　　　　　　　　　　　定价：65元

此谱俗称三十二目，为杨氏家传拳谱，具备独特的拳学概念，阐述了太极拳的至尊拳理。本版选用吴鉴泉题签"太极法说"为底本，参合杨振基"杨澄甫家传的古典手抄太极拳老拳谱影印"、杨澄甫《太极拳使用法》、董英杰《太极拳释义》、田兆麟《太极拳手册》等相关资料，加以点校注释。

（第一辑）

手臂录

吴殳 著　　刘长国 校注

手战之道

赵 晔　沈一贯　唐顺之　何良辰　戚继光　黄百家　黄宗羲　著
王小兵 校注

（第二辑）

百家功夫丛书

张策传杨班侯太极拳 108 式

张喆 著　　韩宝顺 整理　　　　　　　　定价：48 元

○民国宗师"臂圣"张策传功，其堂弟张喆著书，集太极、通臂之
　大成
○第三代嫡传人韩宝顺系统整理并配以影像
○套路招式、实战用法、推手演练，阐明呼吸吐纳之法，助习练者
　掌握太极拳的心法要领
○持之以恒，更可促进体内各器官的生理作用，对养生健体大有裨益

河南心意六合拳

李洳波 著

○国家级非物质文化遗产，展现回教武术文化
○继承河南马派心意拳传系，保持古朴原始的拳术风貌，以十大
　形、七小形、多种功、技、法、式为主要传承载体
○收录"岳武穆王九要论"等多篇口传秘诀，以及马派宗师马学
　礼、吕瑞芳传奇轶事

（第一辑）

张鸿庆形意五行拳释秘　　　　　邵义会 著
张鸿庆形意十二形释秘　　　　　邵义会 著
形意八卦拳　　　　　　　　　　贾保寿 著

民间武学藏本丛书

老谱辨析点评丛书

《通臂拳谱》注释点评
《守洞尘技》注释点评
《少林拳谱》注释点评

（第二辑）

民国武林档案丛书

尚武一代—— 中华武士会健者传
王芗斋的弟子们

（第一辑）

拳道薪传丛书

三爷刘晚苍
我师金仁霖

（第一辑）